Die Brandschutzmappe

Einsatzbereite Checklisten, Merkblätter und Nachweise für Brandschutzverantwortliche

FORUM Stand März 2026

BRANDSCHUTZ-MANAGEMENT

Leitfaden

ASR A2.2 – Maßnahmen gegen Brände

Firma/Einrichtung und Stempel

Grundlagen

Der Arbeitgeber muss entsprechend § 10 Arbeitsschutzgesetz (ArbSchG) Maßnahmen treffen, die zur Brandbekämpfung und Evakuierung der Beschäftigten erforderlich sind, dabei sind die Art der Arbeitsstätte, die Tätigkeit und die Anzahl der Beschäftigten sowie ggf. Personen im Objekt zu berücksichtigen. Ferner hat er zu außerbetrieblichen Stellen die notwendige Verbindung im Bereich der Brandbekämpfung, Bergung etc. einzurichten. Innerbetrieblich muss der Arbeitgeber Beschäftigte benennen, welche die Aufgaben der Brandbekämpfung und der Evakuierung der Personen in der Arbeitsstätte übernehmen.

Forderungen finden sich auch in der Arbeitsstättenverordnung (ArbStättV). Demnach muss der Arbeitgeber die Arbeitsstätte mit brandschutztechnischen Ausrüstungen einrichten und betreiben. Auch hat er gem. § 3 ArbStättV die Sicherheitseinrichtungen, insbesondere die Brandmelde- und Feuerlöscheinrichtungen, instand zu halten und in regelmäßigen Abständen auf deren Funktion hin prüfen zu lassen. Anhand der Gefährdungsbeurteilung müssen die Beschäftigten zu Maßnahmen des Brandschutzes entsprechend § 6 ArbStättV unterwiesen werden. Diejenigen, welche vom Arbeitgeber zur Brandbekämpfung benannt wurden, sind in der Bedienung der Feuerlöscheinrichtungen zu unterweisen.

Diese allgemeinen Forderungen konkretisiert die Technische Regel für Arbeitsstätten (ASR) A2.2 „Maßnahmen gegen Brände“ und zeigt Beispiele zum Umsetzen der brandschutzbasierten Maßnahmen. Diese Technische Regel stellt insoweit Rechtssicherheit her, so dass der Arbeitgeber bei Einhaltung dieser davon ausgehen kann, alle diesbezüglichen Anforderungen der Arbeitsstättenverordnung erfüllt zu haben.

Die ASR A2.2 trifft Aussagen zum Einrichten und Betreiben einer Arbeitsstätte mit Brandmelde- und Feuerlöscheinrichtungen sowie zu organisatorischen Maßnahmen. Diese wurde vom Ausschuss für Arbeitsstätten überarbeitet und im März 2022 veröffentlicht.

Brandgefährdung

Der Arbeitgeber ermittelt gemäß § 5 ArbSchG die Gefährdungen der Beschäftigten bei ihrer Arbeit und legt die erforderlichen Maßnahmen fest. Mithilfe der speziellen Gefährdungsbeurteilung nach § 3 ArbStättV ermittelt der Arbeitgeber, ob neben der normalen auch eine erhöhte Brandgefährdung in der Arbeitsstätte bzw. in Bereichen vorliegt bzw. vorliegen kann. Wird eine erhöhte Brandgefährdung festgestellt, müssen zusätzliche Maßnahmen zum Schutz der Beschäftigten festgelegt und angewandt werden. Die ASR A2.2 definiert die Begriffe Brandgefährdung und unterscheidet zwischen der normalen und der erhöhten wie folgt:

Brandgefährdung liegt vor, wenn brennbare Stoffe vorhanden sind und die Möglichkeit für eine Brandentstehung besteht.

Normale Brandgefährdung liegt vor, wenn die Wahrscheinlichkeit einer Brandentstehung, die Geschwindigkeit der Brandausbreitung, die dabei freiwerdenden Stoffe und die damit verbundene Gefährdung für Personen, Umwelt und Sachwerte vergleichbar sind mit den Bedingungen bei einer Büronutzung.

Erhöhte Brandgefährdung liegt vor, wenn

- entzündbare bzw. oxidierende Stoffe oder Gemische vorhanden sind,
- die örtlichen und betrieblichen Verhältnisse für eine Brandentstehung günstig sind,
- in der Anfangsphase eines Brands mit einer schnellen Brandausbreitung oder großen Rauchfreisetzung zu rechnen ist,
- Arbeiten mit einer Brandgefährdung durchgeführt werden (z. B. Schweißen, Brennschneiden, Trennschleifen, Löten) oder Verfahren angewendet werden, bei denen eine Brandgefährdung besteht (z. B. Farbspritzen, Flammarbeiten), oder
- erhöhte Gefährdungen vorliegen, z. B. durch selbsterhitzungsfähige Stoffe oder Gemische, Stoffe der Brandklassen D und F, brennbare Stäube, extrem oder leicht entzündbare Flüssigkeiten oder entzündbare Gase.

Eignung von Feuerlöscheinrichtungen

Jede Arbeitsstätte ist mit einer Grundausstattung von Feuerlöscheinrichtungen, wie z. B. Feuerlöscher, Wandhydranten, auszustatten und zu betreiben. Im Regelfall kommen zugelassene Handfeuerlöscher als Grundausstattung zum Einsatz.

Grundsätzlich müssen die Feuerlöscher mit dem enthaltenen Löschmittel geeignet sein, Brände der bekannten Brandklassen zu löschen. Das Einteilen in Brandklassen dient der Zuordnung von brennbaren Stoffen zu geeigneten Löschmitteln.

- Brandklasse A: Brände fester Stoffe, hauptsächlich organischer Natur, die normalerweise unter Glutbildung verbrennen, z. B. Holz, Papier, Stroh, Textilien, Kohle, Autoreifen ► Wasser, Wasser mit Zusätzen, ABC-Löschpulver, AB-Löschschaum, ABF-Fettbrand-Löschmittel

- Brandklasse B: Brände von flüssigen oder flüssig werdenden Stoffen, z. B. Benzin, Benzol, Öle, Lacke, Teer, Äther, Alkohol, Stearin, Paraffin ► Löschschaum, ABC-Löschpulver, BC-Löschpulver, AF-Fettbrand-Löschmittel, ABF-Fettbrand-Löschmittel, Kohlenstoffdioxid-Löschgas (CO_2)

- Brandklasse C: Brände von Gasen, z. B. Methan, Propan, Wasserstoff, Acetylen, Erdgas, Stadtgas ▶ ABC-Löschpulver, BC-Löschpulver, Kohlenstoffdioxid (CO_2)
- Brandklasse D: Brände von Metallen, z. B. Aluminium, Magnesium, Lithium, Natrium, Kalium und deren Legierungen ▶ D-Löschpulver
- Brandklasse F: Brände von Speiseölen und Speisefetten ▶ Fettbrand-Löschmittel (F)

Eine eigenständige Brandklasse für Brände von elektrischen Anlagen und Betriebsmitteln ist nicht ausgewiesen. Hierfür sind alle Handfeuerlöscher bis 1.000 Volt zugelassen, andere dürfen nicht in Verkehr gebracht werden; allerdings gibt es unterschiedliche Mindestabstände von 1–3 m zu beachten (die richtige Entfernung steht auf jedem Handfeuerlöscher).

Löschvermögen

Das Löschvermögen klassifiziert die Feuerlöscheinrichtung (z. B. Feuerlöschgeräte, Löschspraydose) nach der Leistungsfähigkeit. Beispielsweise ermittelt die MPA Dresden GmbH als akkreditierte Stelle unter genormten Bedingungen und mit entsprechenden Löschversuchen das Löschvermögen. Informationen zur Akkreditierung und zu Zertifikaten können der Homepage der MPA Dresden GmbH (www.mpa-dresden.de) entnommen werden.

Nach der praktischen Ermittlung des Löschvermögens ist es möglich, zusammen mit der eingeführten Hilfsgröße und der Löschmitteleinheit (LE), die unterschiedlichen Feuerlöschertypen zu vergleichen. Die Löschmitteleinheiten einzelner Feuerlöscher aufaddiert, ergibt das mögliche Gesamtlöschvermögen mehrerer Feuerlöscher. Mit Zuhilfenahme der folgenden Tabellen ist eine Auswahl der Feuerlöscher möglich. Verschiedene Beispiele für normale und erhöhte Brandgefährdung im Anhang der ASR A2.2 zeigen das praktische Auslegen von Feuerlöscheinrichtungen in einer Arbeitsstätte.

Die Löschmitteleinheiten bestehen nur für die Brandklassen A und B und können mithilfe des Löschvermögens aus der nachfolgenden Tabelle 1 abgelesen werden. Für die Brandklassen C, D und F ist dieses nicht möglich. Für die Brandklassen C und D wird lediglich die Eignung festgestellt, ohne das Löschvermögen zu bestimmen. Wobei für die Brandklasse F das Löschvermögen auf den Handfeuerlöschern vermerkt ist, und zwar wie viele Liter Speisefette gelöscht werden können.

Die Zahlen und Buchstaben geben das Löschvermögen in den jeweiligen Brandklassen an. Beispielsweise bedeutet die Kennzeichnung 21A, dass ein Löschvermögen von 21 (Prüfobjekt: 2100 mm x 500 mm x 560 mm, also ca. 588 l bzw. 0,588 m³ Volumen) in der jeweiligen Brandklasse A (Holzstapel) besteht. Die Angabe 40F bedeutet auf einem Fettbrand-Feuerlöscher, dass dieser zum Löschen von Speiseölen und -fetten (Brandklasse F) geeignet ist und dass das Löschvermögen ausreicht, 40 Liter davon unter Prüfbedingungen abzulöschen.

LE	Löschvermögen Brandklasse A	Löschvermögen Brandklasse B
1	5A	21B
2	8A	34B
3		55B
4	13A	70B
5		89B
6	21A	113B
9	27A	144B
10	34A	
12	43A	183B
15	55A	233B

Tabelle 1: Umrechnung von Löschvermögen in Löschmitteleinheiten

Richtet der Arbeitgeber die Arbeitsstätte mit Feuerlöschern unterschiedlicher Brandklassen ein, muss das Löschvermögen für jede der vorhandenen Brandklassen ausreichend sein; bei brennbaren Flüssigkeiten ist der größte Behälter und nicht die Subsumierung aller Behälter ausschlaggebend.

Ausstattung von Arbeitsstätten mit normaler Brandgefährdung

Die Tabelle 3 der ASR A2.2 (hier Tabelle 2) gibt vor, wie viele Löscheinheiten nötig sind, die Quantität regelt die Fläche der Bereiche. Weiter wird gefordert, dass im Brandfall alle gefährdeten Personen informiert bzw. alarmiert werden müssen.

Branderkennung

Damit es überhaupt zu Maßnahmen bei Bränden kommt, ist ein frühzeitiges Erkennen des Schadensfeuers ausschlaggebend. Mit dem Detektieren in der Entstehungsphase des Brands werden die Beschäftigten unverzüglich gewarnt und können aus dem Gefahrenbereich flüchten. Die Brandschutz- und Evakuierungshelfer sowie Vorgesetzten handeln entsprechend ihren zugewiesenen Aufgaben aus der betrieblichen Brandschutzordnung Teil C.

Die Brände können durch Personen und/oder durch Brandmelder erkannt sowie gemeldet werden. Es gibt automatische Brandmelder (z. B. Rauchmelder) und nichtautomatische (Handfeuermelder). Die automatischen erkennen die Brände aufgrund der Brandkenngrößen z. B. Rauch, Temperatur, Flamme; dagegen muss der Druckknopf beim Handfeuermelder von Personen eingedrückt werden, nachdem die verletzungssichere Glasscheibe davor zerstört wurde.

Alarmierung

Die Notwendigkeit einer Alarmierungsanlage ergibt sich entsprechend Pkt. 5.1 ASR A2.2 aus der Gefährdungsbeurteilung, beispielsweise dann, wenn Ruf- und Sichtverbindungen eine Warnung der gefährdeten Personen nicht zulassen, oder aus den Nebenbestimmungen (Auflage etc.) von Behörden. Die Alarmierungsanlage ruft Hilfeleistende herbei oder warnt Personen vor der Gefahr.

Beispiele für eine geeignete technische Alarmierung nach Pkt. 5.1 ASR A2.2 sind:
- Brandmeldeanlagen mit Sprachalarmanlagen (SAA) oder akustische Signalgeber,
- Hausalarmanlagen,
- elektroakustische Notfallwarnsysteme (ENS),
- optische Alarmierungsmittel,
- personenbezogene Warneinrichtungen,
- Telefonanlagen,
- Megafone,
- Handsirenen oder
- Zurufe von Person zu Person.

Grundausstattung mit Feuerlöschern

Die Art und die Anzahl von Feuerlöscheinrichtungen richten sich nach den Eigenschaften und Mengen der im Betrieb vorhandenen brennbaren Stoffe, der Brandgefährdung und der Grundfläche der Arbeitsstätte. Hierfür kann die Arbeitsstätte in Abschnitte eingeteilt werden. Diese einzelnen Bereiche können in unterschiedliche Brandgefährdungen eingestuft sein.

Für die Grundausstattung der Arbeitsstätte mit Feuerlöscheinrichtungen sind gemäß Pkt. 5.2 ASR A2.2 grundsätzlich Feuerlöscher nach DIN EN 3 bereitzustellen. Wandhydranten, Kohlendioxid-Handfeuerlöscher und Löschspraydosen gehören im Allgemeinen nicht zur Grundausstattung. Jedoch können diese bei besonderen Brandgefahren durchaus für die Arbeitsstätte bzw. für einzelne Arbeitsplätze geeignet sein und additiv, nicht alternativ zu den Handfeuerlöschern bereitgestellt werden.

Zur Auswahl des geeigneten Feuerlöschers gibt der Anhang 1 der ASR A2.2 eine Orientierung vor:
- Ermitteln der vorhandenen Brandklassen
- Ermitteln und Beurteilen der Brandgefährdung
- Ermitteln der Löschmitteleinheit in Abhängigkeit von der Grundfläche
- Festlegen der notwendigen Anzahl nach den Löschmitteleinheiten
- Festlegen von ggf. zusätzlichen Maßnahmen

Die Grundausstattung an erforderlichen Löschmitteleinheiten richtet sich nach der Summe der Grundflächen aller Ebenen. Beim Ermitteln dieser Grundfläche dürfen Flächen im Freien, wie z. B. Verkehrswege, Parkplätze, Grünanlagen usw., unberücksichtigt bleiben. Die notwendigen Löschmitteleinheiten enthält die nachfolgende Tabelle 2. Der o. g. Tabelle 1 sind folglich die entsprechende Art, Anzahl und Größe der Feuerlöscher entsprechend ihrem Löschvermögen zu entnehmen. Die Summe der Löschmitteleinheiten muss mindestens der aus der Tabelle 2 entnommenen LE je Brandklasse entsprechen.

Grundfläche bis ... m^2	Löschmitteleinheiten [LE]
50	6
100	9
200	12
300	15
400	18
500	21
600	24
700	27
800	30
900	33
1.000	36
je weitere 250	+ 6

Tabelle 2: Löschmitteleinheiten in Abhängigkeit von der Grundfläche

Grundsätzlich dürfen für die Grundausstattung nur genormte und zugelassene Handfeuerlöscher verwendet werden, welche über mindestens sechs Löschmitteleinheiten (6 LE) verfügen, um damit zu gewährleisten, dass Entstehungsbrände jede Person im Betrieb löschen kann und noch genug Löschmittel für eine ggf. auftretende Rückzündung verfügbar ist.
Der Arbeitgeber muss flächenabhängig mindestens 6 LE in jedem Geschoss einer mehrgeschossigen Arbeitsstätte bereitstellen.

Unter bestimmten Voraussetzungen können bei normaler Brandgefährdung auch Feuerlöscher mit geringeren Löschmitteleinheiten, jedoch mind. 2 LE, gemäß Pkt. 5.2 ASR A2.2 angerechnet werden. Als Bedingung zum Einsetzen dieser geringen Löschmitteleinheiten gibt es fünf Kriterien, die alle erfüllt sein müssen:

- Einstufung in „normale Brandgefährdung“
- ≥ 2 LE
- Gewichtseinsparung ≥ 25 %
- Maximale Entfernung zu den Handfeuerlöschern 10 m und nicht 20 m
- Mindestens 10 % (und nicht 5 %) Brandschutzhelfer

Fehlt eine dieser fünf Bedingungen, sind Handfeuerlöscher mit weniger als 6 LE zwar erlaubt, diese LE dürfen aber nicht zur benötigten Anzahl zugerechnet werden.

Die tragbaren Handfeuerlöscher sollen ein geringes Gewicht haben und müssen innerhalb eines Bereichs die gleiche Funktionsweise besitzen. Dies ermöglicht eine gute Handhabung im Schadensfall, auch für physisch schwache Menschen. Ein weiterer Vorteil besteht darin, dass die Unterweisung sich einheitlich auf einen Feuerlöschertyp beschränkt. Unterschiedliche Feuerlöschertypen können sogar eine Gefährdung darstellen, wenn z. B. in einer Küche bei einem Speiseölbrand anstatt eines F-Löschers ein A-Löscher verwendet wird.

Bei der Auswahl der Feuerlöscher soll bei gleicher Eignung das Löschmittel gewählt werden, womit mögliche Folgeschäden gering gehalten oder vermieden werden. Beispielsweise ist es sinnvoll, in Büros A-Löscher oder AB-Löscher und für elektronische Geräte CO_2-Löscher zur Verfügung zu stellen und nicht in beiden Bereichen großflächig zerstörende ABC-Pulverlöscher.

Bei einem Gebäude mit mehreren Arbeitsstätten und verschiedenen Arbeitgebern können die Feuerlöscher gemeinsam entsprechend ASR A2.2 angerechnet bzw. im Schadensfall genutzt werden, wenn die Randbedingungen stimmen (z. B. maximale Entfernung 20 m). Dementsprechend muss ein Zugriff der Beschäftigten auf die Feuerlöscher jederzeit, z. B. im Vorraum/Treppenraum bzw. Eingangsbereich, gewährleistet sein.

Auf die gemeinsame Nutzung muss die Belegschaft hingewiesen werden. Ferner müssen die Arbeitgeber eine Regelung erzielen, wie die Instandhaltung und Prüfung der Feuerlöscher erfolgen sollen.

Entsprechend dem Pkt. 2.2 des Anhangs der ArbStättV müssen nicht selbsttätige Feuerlöscheinrichtungen (z. B. Feuerlöscher, Wandhydranten) als solche dauerhaft gekennzeichnet, leicht zu erreichen und zu handhaben sein. Die ASR A2.2 stellt eindeutige Anforderungen an das Bereitstellen von Feuerlöschern. Der Arbeitgeber muss sicherstellen, dass

- Feuerlöscher gut sichtbar und leicht erreichbar angebracht sind,
- Feuerlöscher vorzugsweise in Fluchtwegen, im Bereich der Ausgänge ins Freie, an den Zugängen zu Treppenräumen oder an Kreuzungspunkten von Verkehrswegen/Fluren angebracht sind,
- die Entfernung zum nächstgelegenen Feuerlöscher nicht mehr als 20 m beträgt, um einen schnellen Zugriff zu gewährleisten,
- Feuerlöscher so angebracht sind, dass diese ohne Schwierigkeiten der Halterung entnommen werden können; für die Griffhöhe haben sich 0,80 m bis 1,20 m als zweckmäßig erwiesen,
- Feuerlöscher vor Beschädigungen und Witterungseinflüssen geschützt aufgestellt sind, z. B. durch Schutzhauben, Schränke, Anfahrschutz; dies kann z. B. bei Tankstellen, in Tiefgaragen oder nicht allseitig umschlossenen baulichen Anlagen erforderlich sein,
- die Standorte von Feuerlöschern durch das Brandschutzzeichen F001 „Feuerlöscher“ entsprechend der ASR A1.3 „Sicherheits- und Gesundheitsschutzkennzeichnung“ gekennzeichnet sind, sofern die Feuerlöscher nicht gut sichtbar angebracht oder aufgestellt sind. In unübersichtlichen Arbeitsstätten ist der nächstgelegene Standort eines Feuerlöschers gut sichtbar durch das Brandschutzzeichen F001 „Feuerlöscher“ in Verbindung mit einem Zusatzzeichen „Richtungspfeil“ anzuzeigen. Besonders in lang gestreckten Räumen oder Fluren sollen Brandschutzzeichen in Laufrichtung jederzeit erkennbar sein, z. B. durch den Einsatz von Fahnen- oder Winkelschildern,
- weitere Feuerlöscheinrichtungen ebenfalls entsprechend der ASR A1.3 gekennzeichnet sind (z. B. für Wandhydranten: Brandschutzzeichen F002 „Löschschlauch“),
- die Erkennbarkeit der notwendigen Brandschutzzeichen auf Fluchtwegen ohne Sicherheitsbeleuchtung durch Verwendung von lang nachleuchtenden Materialien entsprechend ASR A1.3 erhalten bleibt und
- die Standorte der Feuerlöscheinrichtungen in den Flucht- und Rettungsplan entsprechend der ASR A2.3 „Fluchtwege und Notausgänge“ aufgenommen sind.

Feuerlöscher müssen rot und einheitlich beschriftet sein.

Ausstattung von Arbeitsstätten mit erhöhter Brandgefährdung

Ermittelt der Arbeitgeber eine erhöhte Brandgefährdung im Rahmen der Gefährdungsbeurteilung nach § 3 ArbStättV bereits beim Einrichten oder während des Betreibens der Arbeitsstätte, so muss er über die Grundausstattung und -anforderungen hinausgehende brandschutztechnische Maßnahmen festlegen.

Beispielhafte Maßnahmen sind:

- Installation einer automatischen Brandmeldeanlage
- Stellen von mehr (gleichartigen) und gleich-/ungleichmäßigere Verteilung von Handfeuerlöschern
- Stellen von zusätzlichen CO_2-Handfeuerlöschern oder Löschspraydosen direkt an den Arbeitsplätzen
- Installation von automatischen Brandlöschanlagen
- Umsetzung von Punkten, die in der TRGS 800 enthalten sind
- Ausbildung von mehr Brandschutzhelfern (bis zu 100 %) und höhere Qualifizierung der Belegschaft

Die einzusetzenden Feuerlöscheinrichtungen müssen in der Nähe der Bereiche erhöhter Brandgefährdung positioniert werden, beispielsweise dicht an Bearbeitungsmaschinen mit erhöhter Zündgefahr oder in abgetrennten Räumen mit erhöhter Brandgefahr. Entscheidend ist, dass das richtige Löschmittel in ausreichender Menge zur Bekämpfung des Entstehungsbrands bereitsteht und dass der Feuerlöscher im Brandfall noch erreicht werden kann.

Die ortsfesten Brandbekämpfungsanlagen sind vorrangig zu installieren, wo eine Bekämpfung des Entstehungsbrands wegen der hohen Eigengefährdung nicht erfolgen kann.

Organisatorische Maßnahmen des Brandschutzes

Der Arbeitgeber legt die Verhaltensregeln sowie die notwendigen Maßnahmen gegen Entstehungsbrände im Brandfall fest und dokumentiert diese. Diese Maßnahmen sind an gut zugänglicher Stelle in geeigneter Form für alle Personen sichtbar auszuhängen. Für alle Beschäftigten in der Arbeitsstätte sind die Maßnahmen auszulegen oder elektronisch zugänglich zu machen.

Für Beschäftigte mit besonderen Aufgaben im Brandschutz (z. B. Brandschutzhelfer) sind diese gegen Nachweis, ggf. auch elektronisch, bekannt zu geben. Neben der ASR A2.3 „Fluchtwege und Notausgänge“ empfiehlt sich eine Brandschutzordnung nach DIN 14096.

Brandschutzunterweisung

§ 12 ArbSchG und § 6 ArbStättV fordern die Unterweisung der Beschäftigten durch den Arbeitgeber.

Speziell § 6 Abs. 3 ArbStättV fordert, dass die „Unterweisung [...] sich auf Maßnahmen der Brandverhütung und Verhaltensmaßnahmen im Brandfall erstrecken, insbesondere auf die Nutzung der Fluchtwege und Notausgänge. Diejenigen Beschäftigten, die Aufgaben der Brandbekämpfung übernehmen, hat der Arbeitgeber in der Bedienung der Feuerlöscheinrichtungen zu unterweisen“.

Weiter konkretisiert werden diese Vorgaben durch die ASR A2.2 unter dem Pkt. 7.2.

Der Arbeitgeber muss
- vor der Aufnahme der Beschäftigung,
- bei Veränderungen im Tätigkeitsbereich und
- danach in angemessenen Zeitabständen, mindestens einmal jährlich, brandschutztechnische Themen unterweisen.

Brandschutzhelfer

Für Brandfälle und Evakuierungen ist der Arbeitgeber nach § 10 ArbSchG verpflichtet, Beschäftigte (z. B. Brandschutzhelfer) zu benennen, die diese bestimmten Aufgaben im Schadensfall übernehmen.

Der Arbeitgeber muss eine ausreichende Zahl von Beschäftigten als Brandschutzhelfer benennen. Die Anzahl ergibt sich aus der Gefährdungsbeurteilung. Grundsätzlich ist ein Anteil von 5 % der Beschäftigten ausreichend, aber bei erhöhter Brandgefährdung könnten auch 10 % zu wenig sein.

Eine erhöhte Brandgefährdung, eine große räumliche Ausdehnung der Arbeitsstätte etc. können eine größere Anzahl an Brandschutzhelfern erfordern. Bei der Bestimmung der Brandschutzhelferanzahl sind auch ein Schichtbetrieb und die Abwesenheit einzelner Beschäftigter (z. B. Urlaub, Krankheit, Fortbildung, Homeoffice) zu berücksichtigen.

Die Brandschutzhelfer sind fachkundig (z. B. vom Brandschutzbeauftragten) in Theorie und Praxis an Handfeuerlöschern auszubilden. Hierzu gehören auch praktische Löschübungen.

Die fachkundige Unterweisung beinhaltet Grundzüge des vorbeugenden Brandschutzes, Kenntnisse über die betriebliche Brandschutzorganisation, die Funktions- und Wirkungsweise von Feuerlöscheinrichtungen, die Gefahren durch Brände sowie über das Verhalten im Brandfall.

Die ASR A2.2 empfiehlt im Pkt. 7.3 einen zeitlichen Abstand von 2 bis 5 Jahren für das Wiederholen der fachkundigen Unterweisung insbesondere der Löschübungen. Das Zeitintervall für die Wiederholung ist vom Arbeitgeber anhand der Gefährdungsbeurteilung festzulegen.

Brandschutzbeauftragte

Einen Brandschutzbeauftragten fordert die Gesetzgebung explizit meist nicht, bis auf Ausnahmen bestimmter Bauordnungen; dennoch muss der Brandschutz bekannt sein und umgesetzt werden. Es kann aber zweckmäßig sein, einen Brandschutzbeauftragten zu bestellen, oder er wird behördlich, nach dem Brandschutzkonzept oder versicherungsrechtlich sogar gefordert.

Aufgrund seiner deutlich umfassenderen Ausbildung zum Brandschutzbeauftragten gegenüber dem Brandschutzhelfer berät und unterstützt er den Arbeitgeber kompetent zu allen Themen des betrieblichen Brandschutzes.

Instandhaltung und Prüfung

Entsprechend § 4 Abs. 3 ArbStättV muss der Arbeitgeber die Sicherheitseinrichtungen, insbesondere Brandmelde- und Feuerlöscheinrichtungen, instand halten und in regelmäßigen Abständen auf ihre Funktionsfähigkeit prüfen lassen. Hierbei sind die Herstellerangaben, zu beachten, diese können nach oben oder unten von der 2-Jahres-Frist abweichen. Die Ergebnisse der Instandhaltung und die Funktionsfähigkeitsprüfung sind entsprechend Pkt. 7.5 der ASR A2.2 zu dokumentieren. Die Mängelfreiheit ist auf der Feuerlöscheinrichtung zu kennzeichnen, z. B. durch Anbringen eines Instandhaltungsnachweises. Bei festgestellten Mängeln, welche die Funktionsfähigkeit nicht mehr gewährleisten, müssen diese unverzüglich beseitigt oder ausgetauscht werden.

Die Feuerlöscher unterliegen nach Pkt. 7.5.2 ASR A2.2 einer besonderen Regelung. Die Bauteile und das enthaltene Löschmittel des Feuerlöschers können über die Zeit unter den äußeren Einflüssen am Aufstellungsort unbrauchbar werden. Zur Sicherstellung der Funktionsfähigkeit der Feuerlöscher sind diese z. B. alle zwei Jahre durch einen Fachkundigen zu warten.

Nennt der Hersteller der Feuerlöscher längere Fristen zwischen den Instandhaltungen, können diese vom Arbeitgeber herangezogen werden, dagegen sollen kürzere Fristen durch den Hersteller beachtet werden. Kürzere Zeitabstände können auch aus starker Beanspruchung z. B. durch Umwelteinflüsse im Freien oder beim Einsatz in Laboren oder Saunalandschaften resultieren.

Dem Arbeitgeber obliegt weiterhin die Verantwortung über die Sicherheitseinrichtungen in der Arbeitsstätte, unabhängig davon, welche Fristen zur Instandhaltung von Feuerlöschern der Hersteller vorgibt.

Für die äußere und innere Prüfung der Feuerlöscher benötigt der Fachkundige ausreichend Zeit je Feuerlöscher. Die hierfür erforderlichen Arbeitsschritte enthält das Merkblatt des Bundesverbandes Technischer Brandschutz e. V. (bvfa) „Arbeitsschritte bei der Instandhaltung von tragbaren Feuerlöschern“. Die wiederkehrenden Prüfungen der Feuerlöscher durch eine befähigte Person nach Betriebssicherheitsverordnung (BetrSichV) bleiben hiervon unberührt.

Brandschutzanforderungen für Baustellen

Der Punkt 8 der ASR A2.2 nennt die besonderen Anforderungen an Brandschutzmaßnahmen für eine Baustelle. So gelten die Anforderungen zur Grundausstattung mit Feuerlöschern und zum Brandschutzhelfer nur für stationäre Baustelleneinrichtungen, z. B. für Baubüros, Unterkünfte oder Werkstätten.

Bei Tätigkeiten auf Baustellen mit einer erhöhten Brandgefährdung, z. B. Schweißen, Brennschneiden, Trennschleifen, Löten etc., oder bei der Anwendung von Verfahren, bei denen eine Brandgefährdung (z. B. Farbspritzen, Flammarbeiten) entsteht, ist dort bei jedem der dabei eingesetzten und eine erhöhte Brandgefährdung auslösenden Arbeitsmittel ein Feuerlöscher für die entsprechenden Brandklassen mit mindestens sechs Löschmitteleinheiten (6 LE) in unmittelbarer Nähe bereitzuhalten. Sämtliche Beschäftigte sind bei erhöhter Brandgefährdung auf Baustellen theoretisch und praktisch im Umgang mit Handfeuerlöschern fachkundig zu unterweisen.

Ergibt die Gefährdungsbeurteilung nach § 3 ArbStättV eine Baustelle mit besonderen Gefährdungen (z. B. Untertagebaustellen, Hochhausbau), sind zusätzliche Maßnahmen gegen Brände gemäß Pkt. 6.3.3 der ASR A2.2 nötig.

Auslegungsbeispiele für die Ausstattung mit Feuerlöschern

Beispiel 1: normale Brandgefährdung

Verwaltungsgebäude	
Vorhandene Brandklassen	A
Betriebsgröße in m^2	500
Ergebnis der Gefährdungsbeurteilung	normale Brandgefährdung

Ergebnis:

normale Brandgefährdung ≙ Grundausstattung

Tabelle 2 ergibt die Forderung nach ≥ 21 LE

Gewählt werden Wasser-Handfeuerlöscher mit Löschvermögen 27 A (Herstellerangabe), was nach Tabelle 1 dem Feuerlöscher 9 LE entspricht. 21 LE geteilt durch 9 LE ergibt 2,33, also 3 Handfeuerlöscher dieses Typs. Für Gerätebrände kann man noch einen CO_2-Löscher, mit 5 kg, anschaffen.

Beispiel 2: erhöhte Brandgefährdung

Küche mit 3 Kleinfritteusen mit einer Füllmenge von je 10 Litern Speiseöl	
Vorhandene Brandklassen	A und F
Betriebsgröße in m^2	180
Ergebnis der Gefährdungsbeurteilung	erhöhte Brandgefährdung

Ergebnis:

erhöhte Brandgefährdung ≙ Grundausstattung und zusätzliche Maßnahmen

Tabelle 2 ergibt 24 LE, sodass bei mindestens 6 LE je ABF-Handfeuerlöscher 4 davon nötig sind.

Feuerlöschspray

Am 12.09.2022 hat das für die ASR A2.2 zuständige Bundesministerium für Arbeit und Soziales einen schriftlichen Beschluss des ASTA bekannt gegeben mit der seit Jahren überfälligen Berücksichtigung des „kleinen Bruders“ des Handfeuerlöschers, also der Feuerlöschsprays. War es früher schon erlaubt, dass man Feuerlöschsprays zur Nutzung bereitstellt, dürfen diese – so bestimmte Eigenschaften und Fähigkeiten erfüllt sind – heute zu den benötigten Löschmitteleinheiten zugerechnet werden.

Grundwissen Feuerlöschspray

- Durch die besonders feine Verteilung der wässrigen Lösung beim Ausbringen wird die Löschwirkung vervielfacht; gute Feuerlöschsprays stehen einem konventionellen Handfeuerlöscher in der Leistungsfähigkeit bei einem Entstehungsbrand nicht hinten an – ja sind sogar dadurch besser, weil sie aufgrund der Positionierung am Arbeitsplatz sowie der Art der Anwendung deutlich schneller einsatzbereit sind.
- Bereits seit 1998 gab es das erste Feuerlöschspray und das war auch ohne DIN-Vorgaben schon damals richtig gut wirksam. Es gab anfänglich verständlicherweise nur eine Firma, die dieses Produkt auf den Markt brachte.
- Natürlich gab es anfänglich keine Norm, keine Prüfvorgaben hierfür und damit befanden sich die Feuerlöschsprays in einem juristischen wie sicherheitstechnischen Graubereich.
- Nachdem es anfänglich nur eine Firma mit diesem Produkt gab, wurde sie (ökonomisch verständlich) von den anderen abgelehnt, ja bekämpft; doch weil mittlerweile praktisch jede Firma, die Handfeuerlöscher im Angebot hat, hier mittlerweile auch Feuerlöschspraydosen enthalten sind, gibt es gegenüber diesem neuen Produkt keine „Gegner“ mehr.
- Ein Teil der Handfeuerlöscher herstellenden Industrie war also „not amused“ und versuchte mit gefährlichen Halbwahrheiten, unbegründeten Ängsten und zum Teil auch falschen Argumenten und einmal auch mit manipulierten Feuerlöschspraydosen deren wirtschaftlichen Erfolg zu unterbinden.
- Die Hemmschwelle, zu einer solch kleinen und einfach anzuwendenden Löschhilfe zu greifen, ist deutlich geringer als bei einem Handfeuerlöscher.
- Eine kleine und leichte Löschspraydose kann darüber hinaus auch schneller angewandt werden als ein im Ausgang montierter Handfeuerlöscher.
- Im privaten Bereich haben diese Feuerlöschsprays schon vielfach Kleinbrände gelöscht, etwa wenn ein Kerzenfeuer sich gerade auf Vorhang, Zeitung oder (das geht, ich testete das – allerdings im Freien!) den Weihnachtsbaum ausgebreitet hat.
- Wenn das Feuerlöschspray auch den Buchstaben „F“ enthält, so sollte es in keiner Küche fehlen – egal ob privat oder gewerblich.

Der größte Nachteil dieser Dosen ist, dass sie aufgrund der dezent-kleinen Abmessungen häufig entwendet werden. Bitte unterschätzen Sie die Gefahr und die vielen nachfolgenden Probleme des Diebstahls nicht!

Einsatzmöglichkeiten

Feuerlöschsprays sind für kleine, erst mal wenig gefährliche Entstehungsbrände angedacht: Ein kleines Feuer entsteht gerade und die Dose steht bereit. Sie kann binnen weniger Sekunden von jeder Person angewandt werden und löscht innerhalb weniger Sekunden, ohne zu gefährden. Im Gegensatz zum Handfeuerlöscher funktioniert sie danach noch jahrelang.

Ein großer Vorteil von Feuerlöschsprays gegenüber Handfeuerlöschern ist, dass nach kurzer Verwendung eben kein Austausch nötig ist. Das Gewicht des Löschmittels steht auf jeder Dose, ggf. auch das Dosengewicht. So kann man also immer mit einer grammgenauen Waage bestimmen, ob die Dose noch zu 100 % oder eben weniger gefüllt ist. Ein Austausch könnte also z. B. dann erfolgen, wenn 30 % oder mehr entnommen wurden. Aber selbst wenn von 400 ml lediglich noch 70 ml vorhanden sind, wird man damit ein kleines Entstehungsfeuer löschen – meist reicht ein Spritzer von 0,5–2 Sekunden, um ein kleines Feuer (etwa einen Adventskranz oder in der Elektrowerkstatt) zu löschen.

Sinn machen diese kleinen, hoch leistungsfähigen Löscher immer dort, wo ein kleiner Entstehungsbrand durchaus entstehen kann und Personen vor Ort das mitbekommen und sofort löschen können: Löt- und Schweißarbeitsplätze, Küchen und kleinere Elektroreparaturbereiche sind dafür prädestiniert.

Folgende drei Kriterien sind besonders relevant für die Beurteilung, ob man in einem Unternehmen oder an einer bestimmten Stelle des Unternehmens Feuerlöschsprays anschafft:

- Macht es an einem Arbeitsplatz (einer Art von Arbeitsplätzen) wirklich Sinn, oder wäre ein Handfeuerlöscher nicht besser, sicherer?
- Ist die Feuerlösch-Spraydose für Fremde/Dritte nicht zugänglich und zugleich: Ist eher nicht damit zu rechnen, dass sie von der Belegschaft entwendet wird?
- Treten an bestimmten Arbeitsstellen ab und zu kleine Brände auf, die man möglichst umgehend löschen muss?

Wenn alle drei Fragen souverän mit „Ja“ beantwortet werden können, sollte man sich besser heute noch solche Feuerlöschsprays anschaffen. Wird aber nur eine Frage mit einem sicheren „Nein“ beantwortet, so sind sie einfach nicht nötig.

Fluorhaltige Schäume bald verboten

In der Europäischen Union ist der Beschluss gefasst worden, konventionelle Schäume (kurz: PFAS) als Schaummittel für Handfeuerlöscher mittelfristig zu verbieten. Klare Fristen für ein Verkaufsverbot oder – und das ist für den Anwender ja wichtiger – das Verwendungsverbot gibt es noch nicht. PFAS steht übrigens für perfluorierte und polyfluorierte Alkylverbindungen; diese Chemikalien kommen in der Natur nicht vor und sind von ihr auch fast nicht abbaubar (sog. Ewigkeitschemikalie).

Übrigens, die heute noch angebotenen ABF-Löscher enthalten fluorhaltige Schäume und die AF-Löscher nicht; heißt, Erstere sind demnächst auszutauschen oder zu ersetzen, die AF-Löscher indes können weiterhin betrieben werden, da sie umwelttechnisch nicht kritisch eingestuft werden.

FORUM

Übersicht

Brandschutzvorschriften

Firma/Einrichtung und Stempel

Der Brandschutz wird in den vorbeugenden und abwehrenden Brandschutz unterteilt.

Der vorbeugende Brandschutz umfasst alle Maßnahmen, die zur Vermeidung von Bränden in einem Unternehmen dienen. Im Mittelpunkt stehen also zahlreiche präventive Maßnahmen, die von dem Arbeitgeber selbst durchgeführt werden müssen. Der bauliche, anlagentechnische und organisatorische Brandschutz gehören zum vorbeugenden Brandschutz.

Der abwehrende Brandschutz wiederum liegt primär in der Verantwortung der Feuerwehr. Hierbei geht es um die Eindämmung des Feuers. Der abwehrende Brandschutz wird also erst relevant, wenn die Präventionsmaßnahmen des vorbeugenden Brandschutzes nicht gegriffen haben.

Baulicher Brandschutz

Alle Maßnahmen des Brandschutzes, die im Zusammenhang mit der Errichtung oder der Änderung von baulichen Anlagen getroffen werden, zählen zum baulichen Brandschutz; dazu gehören z. B.:

- die äußere Erschließung des Gebäudes mit Löschwasser
- die Aufstell- und Bewegungsflächen für die Feuerwehr
- die Bildung von Brandabschnitten wie u. a. durch Brandwände
- die Bemessung oder normgerechte Erstellung von tragenden und raumabschließenden Konstruktionen, wie u. a. zum Schutz von Bereichen mit hoher Brandgefahr.

Damit umfasst der bauliche Brandschutz alle Maßnahmen, die das Gebäude, also die Materialien und die Bauart, betreffen.

Wesentliche Kriterien sind dabei:

- das Brandverhalten von Baustoffen
- der Feuerwiderstand der Bauteile
- die Planung und Erstellung ausreichender Flucht- und Rettungswege (Rettungswegkonzept)
- die Erstellung eines Brandschutzkonzepts/Brandschutznachweises

Wesentliche Vorschriften sind u. a.:

- BauGB
- Baugesetze der Länder
- MVV TB
- Baustoffklassen: DIN 4102-1
- Brandschutz-/Feuerschutzklassen: DIN EN 13501-1
- Brandverhalten von Baustoffen und Bauteilen: EU-Bau PVO, DIN EN 13501-1
- Abschottung und Fugen: DIN 4102-4, 9 und 11, DIN EN 1366-3, DIN EN 13501-1
- Lüftungsleitungen: DIN 4102-6, M-LüAR, MLAR, DIN EN 13501
- Schlösser, Baubeschläge, Panikverschlüsse: DIN EN 179, DIN EN 1125
- Verglasungen: DIN 4102-13
- Feuer- und Rauchschutzabschlüsse: DIN EN 16034, DIN 18093, DIN EN 13501-1
- Flucht- und Rettungswege ASR A2.3, ASR V3a.2

Anlagentechnischer Brandschutz

Der anlagentechnische Brandschutz gliedert sich in zwei Bereiche:

- Brandschutz in der Technischen Gebäudeausrüstung: Durch bauliche (Schächte, Unterdecken mit Feuerwiderstand) oder anlagentechnische (Rauchansaugsysteme, Brandschutzklappen) Brandschutzmaßnahmen werden die zunehmend komplexeren technischen Anlagen in Gebäuden vor Brandausbrüchen oder Schäden bei Bränden geschützt.
- Brandschutz durch technische Einrichtungen und Anlagen: Brandschutzmaßnahmen, die durch technische Anlagen realisiert werden, zählen zum anlagentechnischen Brandschutz. Dabei kann es sich sowohl um präventive Maßnahmen (z. B. Branddetektion, Alarmierung) als auch operative Maßnahmen (z. B. Brandverhinderung, Brandlöschung, Begrenzung der Brandausbreitung, maschinelle Entrauchung) handeln.

Die wichtigsten Anlagen für den anlagentechnischen Brandschutz sind:

- Brandmeldeanlagen
- Feuerlöschanlagen
- natürliche und maschinelle Rauchabzugsanlagen
- Anlagen zur Löschwasserrückhaltung

Damit gehört der Einbau von Brandschutztüren, Brandschutzklappen und Feuerlöschanlagen zum anlagentechnischen Brandschutz und es werden zugleich alle Maßnahmen zusammengefasst, die der Brandverhütung dienen.

Wesentliche Vorschriften sind u. a.:

- Brandmeldeanlagen: DIN 14675, DIN EN 54-1. VdS 2095, DIN VDE 0833-2
- Feststellanlagen: DIN 14677-1, DIN 4102-18
- Feuerlöscher: DIN 14406-4, DIN EN 3, ASR A2.2, DIN VDE 0132
- Rauch- und Wärmeabzugsanlagen: DIN 18232, DIN EN 12101
- Wandhydranten: DIN 14461-Teile 1, 3, 6, DIN 14462
- Sprinkleranlagen: DIN EN 12845, VdS CEA 4001
- Schaumlöschanlagen: DIN EN 13565-1; DIN EN 13565-2
- Gaslöschanlagen: DIN EN 12094 Teile 8, 11, 13
- Sicherheitsbeleuchtung: ASR A2.3, ASR A3.4, DIN EN 50172, DIN VDE 0108-100-1

Organisatorischer/betrieblicher Brandschutz

Im organisatorischen/betrieblichen Brandschutz werden alle Maßnahmen vereint, die helfen sollen, Brände zu vermeiden. Darüber hinaus werden beim organisatorischen Brandschutz Verhaltensregeln bei einem Brandfall vermittelt und es werden Hilfestellungen zur Verbesserung der Brandbekämpfung gegeben.

Alle Beschäftigten, die sich in dem Gebäude aufhalten, müssen darüber informiert werden, wie sie sich im Brandfall verhalten sollen. Zu den wichtigsten Maßnahmen des organisatorischen Brandschutzes gehören

1. die Brandschutzordnung,
2. die Unterweisung der Beschäftigten eines Unternehmens,
3. Brandschutz-/Evakuierungsübungen,
4. Brandschutzbeauftragter, Brandschutz-/Evakuierungshelfer und Brandschutzwarte,
5. der Aushang von Flucht- und Rettungsplänen und
6. die Erstellung von Evakuierungs-/Sicherheitskonzepten.

Mit dem organisatorischen Brandschutz werden zwei Ziele verfolgt. Einerseits soll der Entstehung von Bränden rechtzeitig vorgebeugt und andererseits Brandschäden vermieden werden. Darüber hinaus verfolgt der organisatorische Brandschutz das Ziel, die baulichen und anlagentechnischen Brandschutzmaßnahmen auf ihre Wirksamkeit zu überprüfen und diese sicherzustellen.

Ob für ein Unternehmen ein Brandschutzbeauftragter bestellt werden muss, geben die Baugesetze der Bundesländer vor. In der Regel hängt dies von der Art des Gebäudes und der Zahl der Menschen ab, die sich dort aufhalten. Handelt es sich um Sonderbauten, müssen Unternehmer damit rechnen, dass die Baugenehmigung die Auflage zur Bestellung eines Brandschutzbeauftragten enthält. Damit verbleibt die Verantwortung bei den Unternehmern.

Wesentliche Vorschriften sind u. a.:

- Brandschutzordnung: DIN 14096-1 bis 3
- Feuerwehrpläne: DIN 14095
- Flucht- und Rettungspläne: DIN ISO 23601, ASR A1.3, ASR A2.3
- Piktogramme und Sicherheitskennzeichnung: DIN ISO 50172, DIN EN ISO 7010, ASR A1.3, DIN 4844
- Grafische Symbole für das Feuerwehrwesen: DIN 14034-6
- Arbeitsstätte: ArbStättV, ASR A2.2, ASR A2.3, ASR A3.4, ASR V3a.2, BetrSichV
- Unterweisung: ArbSchG, ArbStättV, DGUV Vorschrift 1, ASR A2.2, ASR A2.3
- Brandschutzbeauftragter: DGUV Information 205-003
- Brandschutzhelfer: DGUV Information 205-023
- Evakuierungshelfer: DGUV Information 205-033
- Gebäuderäumung/Evakuierung: DGUV Information 205-033, VDI 4062

Abwehrender Brandschutz

Der abwehrende Brandschutz beinhaltet alle Maßnahmen, die unternommen werden, wenn der vorbeugende Brandschutz in weiten Teilen nicht greifen konnte, und liegt im Zuständigkeitsbereich der Feuerwehr.

Zu den wichtigsten Aufgaben des abwehrenden Brandschutzes gehört das Löschen eines Brandes.

Darüber hinaus gehört die Verringerung der Begleitschäden zur Aufgabe des abwehrenden Brandschutzes.

Beispiele für Begleitschäden sind z. B.

- Rauch-,
- Hitze-,
- Löschwasser- oder
- Umweltschäden.

Checkliste
Vorbereitung auf den Brandfall

Firma/Einrichtung und Stempel

Firma/Einrichtung: ______________________________

Name des Prüfers: ______________________________

Ort/Datum: ______________________ , den ____________

Nr.	Prüffragen	geprüft		Maßnahmen bis wann
		Ja	Nein	
1.	Wurde eine Gefährdungsbeurteilung nach den Vorgaben der ASR A2.2 „Maßnahmen gegen Brände" durchgeführt?	☐	☐	
2.	Wurde auf Basis der Gefährdungsbeurteilung festgelegt, in welchen Unternehmensbereichen normale oder erhöhte Brandgefährdung besteht?	☐	☐	
3.	Wurden die erforderlichen Löschmitteleinheiten (LE) für die unterschiedlichen Gefährdungsbereiche festgelegt und beschafft?	☐	☐	
4.	Sind die Anforderungen an den baulichen Brandschutz, z. B. an die Einrichtung der Flucht- und Rettungswege, bekannt und eingehalten?	☐	☐	
5.	Sind die Anforderungen an den anlagentechnischen Brandschutz, z. B. an den Rauch- und Wärmeabzug (RWA), bekannt und eingehalten?	☐	☐	
6.	Gibt es eine interne Alarmierungsplanung?	☐	☐	
7.	Wurde die Alarmierungsplanung mit allen Beschäftigten kommuniziert (Unterweisung)?	☐	☐	
8.	Wird die Alarmierungsplanung regelmäßig überprüft und aktuell gehalten?	☐	☐	
9.	Sind die Alarmsignale den Beschäftigten bekannt?	☐	☐	
10.	Gibt es ein Evakuierungskonzept?	☐	☐	
11.	Wurde das Evakuierungskonzept mit den Beschäftigten kommuniziert (Unterweisung)?	☐	☐	
12.	Werden die Flucht- und Rettungswege regelmäßig kontrolliert und in der erforderlichen Breite freigehalten?	☐	☐	
13.	Werden die Flucht- und Rettungswege anhand der Flucht- und Rettungspläne regelmäßig im Rahmen von Unterweisungen begangen?	☐	☐	
14.	Werden regelmäßig (Fristenregelung nach Gefährdungsbeurteilung) Evakuierungsübungen durchgeführt?	☐	☐	

FORUM

03/2026

Nr.	Prüffragen	geprüft		Maßnahmen bis wann
		Ja	Nein	
15.	Gibt es speziell ausgebildete Evakuierungshelfer für Beschäftigte mit besonderen Anforderungen bei der Evakuierung (z. B. Unterstützung von behinderten Menschen)?	☐	☐	
16.	Gibt es Sammelplätze, an denen sich die Beschäftigten nach einer Evakuierung einfinden können?	☐	☐	
17.	Sind die Abläufe am Sammelplatz geregelt (z. B. Betreuung der Beschäftigten, Kontrolle auf Vollzähligkeit)?	☐	☐	
18.	Gibt es Möglichkeiten, Beschäftigte bei widrigen Wetterverhältnissen in geschützten Bereich unterzubringen?	☐	☐	
19.	Gibt es eine Sammelplatzleitung	☐	☐	
20.	Gibt es Brandschutzhelfer nach den Vorgaben der ASR A2.2 „Maßnahmen gegen Brände“ im Unternehmen?	☐	☐	
21.	Sind mind. 5 % der Beschäftigten, welche im Dienst sind, ausgebildete Brandschutzhelfer (bei normaler Brandgefährdung)?	☐	☐	
22.	Wurde bei erhöhter Brandgefährdung geklärt, wie viele Brandschutzhelfer erforderlich sind und ausgebildet werden müssen?	☐	☐	
23.	Wurden Vorgesetzte und Geschäftsleitung auf Brandfälle vorbereitet?	☐	☐	
24.	Gibt es einen internen Krisenstab, welcher bei Brandfällen schnell zusammenkommen kann?	☐	☐	
25.	Wurde dieser interne Krisenstab in Stabsarbeit geschult?	☐	☐	
26.	Finden regelmäßige Stabsübungen statt?	☐	☐	
27.	Gibt es räumliche und technische Ausstattungen für den internen Krisenstab?	☐	☐	
28.	Gibt es vorbereitende Maßnahmen zur Brandschadensanierung, z. B. Kontaktdaten zu Fachfirmen?	☐	☐	
29.	Sind die Kontaktdaten zum eigenen Versicherer bekannt, um schnell eine Schadensregulierung einleiten zu können?	☐	☐	
30.	Gibt es Planungen, um unterbrochene Betriebsprozesse schnell wieder anlaufen lassen zu können?	☐	☐	

Datum, Unterschrift des Prüfers: ______________________________

Dokumentationsblatt
Gefährdungsbeurteilung Brandschutz

Firma/Einrichtung und Stempel

Arbeitsbereich: ______________________ **Tätigkeitsbereich:** ______________________

Nr.	Gefährdungen ermitteln	Handlungsbedarf	Schutzmaßnahmen	Durchführung			Überprüfung
	Gefährdungen/ Belastungen	**ja/nein**	**STOP-Prinzip**	**wer**	**bis wann**	**durchgeführt am**	**Wirksamkeit geprüft durch/am**
1.	Entstehung und Ausbreitung eines Brands und Ausbreitung von Feuer und Rauch		Einhaltung der im Rahmen der Baugenehmigung festgelegten baulichen Brandschutzmaßnahmen (z. B. Brandverhalten von Baustoffen, Feuerwiderstand der Bauteile, Bildung von Brand- und Rauchabschnitten).				
2.	Flucht und Rettung bei einem Brand sind eingeschränkt		Einhaltung der im Rahmen der Baugenehmigung festgelegten baulichen Brandschutzmaßnahmen (z. B. geeignete Rettungswege, besondere Anforderungen bei Aufenthaltsräumen in Kellergeschossen). Anzahl, Anordnung und Abmessung entsprechend der Nutzung, der Einrichtung und den Abmessungen der Arbeitsstätte sowie nach der höchstmöglichen Anzahl der dort anwesenden Personen (Ziffer 2.3 Abs. 1 Anhang ArbStättV). Türen im Verlauf von Fluchtwegen oder Notausgangstüren müssen sich von innen ohne besondere Hilfsmittel jederzeit leicht öffnen lassen, solange sich Beschäftigte in der Arbeitsstätte befinden, und nach außen öffnen (Ziffer 2.3 Abs. 2 Anhang ArbStättV). Vermeidung von Brandlasten in Flucht- und Rettungswegen. Verkehrswege, Fluchtwege und Notausgänge müssen ständig freigehalten werden, damit sie jederzeit benutzt werden können (§ 4 Abs. 4 ArbStättV). Notausgänge und Notausstiege, die von außen verstellt werden können, sind durch weitere Maßnahmen zu sichern, wie z. B. durch die Anbringung von Abstandsbügeln für Fahrzeuge (Ziffer 4 Abs. 3 ASR A2.3).				

Nr.	Gefährdungen ermitteln	Hand-lungs-bedarf	Schutzmaßnahmen	Durchführung			Überprüfung
	Gefährdungen/ Belastungen	**ja/nein**	**STOP-Prinzip**	**wer**	**bis wann**	**durchge-führt am**	**Wirksamkeit geprüft durch/am**
			Treppen im Verlauf von Hauptfluchtwegen müssen, Treppen im Verlauf von Nebenfluchtwegen sollen über gerade Läufe verfügen (Ziffer 5 Abs. 13, Ziffer 6.2 Abs. 2 ASR A2.3). Fahrsteige, Fahrtreppen, Wendel- und Spindeltreppen sowie Steigleitern und Steigeisengänge sind im Verlauf eines Hauptfluchtwegs nicht zulässig. Im Verlauf eines Nebenfluchtwegs sind sie zulässig. Dabei sollen Wendeltreppen gegenüber Spindeltreppen, Spindeltreppen gegenüber Steigleitern und Steigleitern gegenüber Steigeisengängen bevorzugt werden. (Ziffer 5 Abs. 13, Ziffer 6.2 Abs. 2 ASR A2.3)				
3.	Erschwerte Flucht und Rettung durch gefangene Räume		Gefangene Räume dürfen als Arbeits-, Bereitschafts-, Liege-, Erste-Hilfe-, Pausenräume und Kantinen nur genutzt werden, wenn die Alarmierung im Gefahrenfall sichergestellt ist, z. B. durch eine automatische Brandmeldeanlage mit Alarmierung, oder wenn eine Sichtverbindung zum vorgelagerten Raum gewährleistet ist, sofern der gefangene Raum nicht zum Schlafen genutzt wird und eine normale Brandgefährdung gegeben ist (Ziffer 4 Abs. 12 ASR A2.3).				
4.	Löscharbeiten der Feuerwehr sind nicht wirksam möglich		Einhaltung der im Rahmen der Baugenehmigung festgelegten baulichen Brandschutzmaßnahmen (z. B. Aufstell- und Bewegungsflächen sowie geeignete Angriffswege für die Feuerwehr, Erschließung des Gebäudes mit einer ausreichenden Menge Löschwasser).				
5.	Brände können nicht frühzeitig erkannt werden		Einhaltung der im Rahmen der Baugenehmigung festgelegten anlagentechnischen Brandschutzmaßnahmen (z. B. BMA). Arbeitsstätten müssen je nach Abmessung und Nutzung, der Brandgefährdung vorhandener Einrichtungen und Materialien, der größtmöglichen Anzahl anwesender Personen, erforderlichenfalls mit Brandmeldern und Alarmanlagen ausgestattet sein (Ziffer 2.2 Abs. 1 Anhang ArbStättV).				
6.	Gefährdete Personen können nicht alarmiert und sicher evakuiert werden		Einhaltung der im Rahmen der Baugenehmigung festgelegten anlagentechnischen Brandschutzmaßnahmen (z. B. Alarmierungsanlage, Sicherheitsbeleuchtung). Durch geeignete Maßnahmen ist sicherzustellen, dass die Beschäftigten im Brandfall unverzüglich gewarnt und zum Verlassen von Gebäuden oder gefährdeten Bereichen aufgefordert werden können. Technische Maßnahmen sind vorrangig umzusetzen. Dabei sind automatische Alarmierungseinrichtungen zu bevorzugen (Ziffer 5.1 ASR A2.2).				

Nr.	Gefährdungen ermitteln	Handlungsbedarf	Schutzmaßnahmen	Durchführung			Überprüfung
	Gefährdungen/ Belastungen	ja/nein	STOP-Prinzip	wer	bis wann	durchgeführt am	Wirksamkeit geprüft durch/am
			Die Notwendigkeit von technischen Alarmierungsanlagen ergibt sich aus der Gefährdungsbeurteilung, z. B. wenn Ruf- und Sichtverbindungen oder räumliche Gegebenheiten eine Warnung der gefährdeten Personen nicht erlauben bzw. sich Handlungsbedarf aus den Evakuierungsübungen nach ASR A2.3 oder aus Auflagen von Behörden ergibt (Ziffer 5.1 ASR A2.2). Fluchtwege und Notausgänge sind mit einer Sicherheitsbeleuchtung auszurüsten, wenn das gefahrlose Verlassen der Arbeitsstätte für die Beschäftigten, insbesondere bei Ausfall der allgemeinen Beleuchtung, nicht gewährleistet ist (Ziffer 2.3 Abs. 1 Anhang ArbStättV).				
7.	Einsatzkräfte werden nicht frühzeitig alarmiert		Einhaltung der im Rahmen der Baugenehmigung festgelegten anlagentechnischen Brandschutzmaßnahmen (z. B. BMA). Die Möglichkeit zur Alarmierung von Hilfs- und Rettungskräften muss gewährleistet sein. Technische Maßnahmen sind vorrangig umzusetzen. Dabei sind automatische Brandmeldeeinrichtungen zu bevorzugen (Ziffer 5.1 ASR A2.2).				
8.	Fehlende Einrichtungen zur Bekämpfung von Entstehungsbränden		Arbeitsstätten müssen je nach Abmessung und Nutzung, der Brandgefährdung vorhandener Einrichtungen und Materialien, der größtmöglichen Anzahl anwesender Personen, mit einer ausreichenden Anzahl geeigneter Feuerlöscheinrichtungen ausgestattet sein (Ziffer 2.2 Abs. 1 Anhang ArbStättV). In allen Arbeitsstätten ist für die Grundausstattung die für einen Bereich erforderliche Anzahl von Feuerlöschern mit dem entsprechenden Löschvermögen bereitzustellen (Ziffer 5.2 Abs. 2 ASR A2.2). Werden im Rahmen der Gefährdungsbeurteilung Bereiche mit erhöhter Brandgefährdung festgestellt, sind neben der Grundausstattung und den Grundanforderungen für die Bereitstellung zusätzliche betriebs- und tätigkeitsspezifische Maßnahmen zu ergreifen, z. B. automatische Löschanlagen (Ziffer 6.1 ASR A2.2).				
9.	Schlechte Erkennbarkeit und Erreichbarkeit der Feuerlöscher		Feuerlöscher sind gut sichtbar und leicht erreichbar anzubringen, z. B.: • vorzugsweise in Fluchtwegen, im Bereich der Ausgänge ins Freie, an den Zugängen zu Treppenräumen oder an Kreuzungspunkten von Verkehrswegen/Fluren • mit einer tatsächlichen Laufweglänge von jeder Stelle zum nächstgelegenen Feuerlöscher von maximal 20 m • mit einer Griffhöhe der Feuerlöscher zur leichten Entnahme zwischen 0,80 m und 1,20 m				

Nr.	Gefährdungen ermitteln	Handlungsbedarf	Schutzmaßnahmen	Durchführung			Überprüfung
	Gefährdungen/ Belastungen	ja/nein	STOP-Prinzip	wer	bis wann	durchgeführt am	Wirksamkeit geprüft durch/am
			• mit einer Kennzeichnung der Standorte der Feuerlöscheinrichtungen, mit dem Brandschutzzeichen F001 „Feuerlöscher" oder F002 „Löschschlauch" für Wandhydranten nach ASR A1.3 (Ziffer 5.3 ASR A2.2).				
10.	Fehlende Einrichtungen zur Brandvermeidung		Einhaltung der im Rahmen der Baugenehmigung festgelegten anlagentechnischen Brandschutzmaßnahmen (z. B. Blitzschutzanlage, Sauerstoffreduktionsanlage). Um gesundheitliche Beeinträchtigungen bei Arbeiten in sauerstoffreduzierter Atmosphäre zu vermeiden, müssen bauliche, technische, organisatorische und arbeitsmedizinische Maßnahmen nach DGUV Information 205–006 getroffen werden.				
11.	Fehlende Einrichtungen zur Verhinderung der Brand- und Rauchausbreitung		Einhaltung der im Rahmen der Baugenehmigung festgelegten anlagentechnischen Brandschutzmaßnahmen (z. B. Feuerschutzabschlüsse, Rauchschutzvorhänge, Rauch- und Wärmeabzugsanlagen, Brandschutzklappen in Lüftungsleitungen). Brand- und Rauchschutztüren sind zur Gewährleistung der Schutzfunktion, z. B. durch zugelassene Türschließer, selbstschließend ausgeführt und nur für den Durchgang zu öffnen und anschließend zu schließen. Ist es, z. B. aufgrund der Barrierefreiheit oder häufiger Transporte, zweckmäßig, die Türen dauerhaft aufzustellen, so kann die erforderliche Schließung im Brandfall durch die Installation geeigneter Feststellanlagen erreicht werden. Diese halten die Tür im Alltag offen, geben sie im Alarmfall aber automatisch frei, sodass die Tür automatisch geschlossen wird.				
12.	Nicht sichergestellte Funktion der baulichen und anlagentechnischen Brandschutzeinrichtungen		Sicherheitseinrichtungen, insbesondere Sicherheitsbeleuchtungen, Brandmelde- und Feuerlöscheinrichtungen, Signalanlagen, Notaggregate und Notschalter sowie raumlufttechnische Anlagen, sind in regelmäßigen Abständen sachgerecht zu warten und auf ihre Funktionsfähigkeit prüfen zu lassen (§ 4 Abs. 3 ArbStättV). Bei Sonderbauten sind darüber hinaus ausgewählte technische Anlagen (z. B. ortsfeste, selbsttätige Feuerlöschanlagen, Druckbelüftungsanlagen zur Rauchfreihaltung von Rettungswegen, maschinelle Rauchabzugsanlagen, Sicherheitsbeleuchtungs- und Sicherheitsstromversorgungsanlagen, Brandmelde- und Alarmierungsanlagen, natürliche Rauchabzugsanlagen und ortsfeste, nichtselbsttätige Feuerlöschanlagen) regelmäßig durch Prüfsachverständige zu prüfen.				

Nr.	Gefährdungen ermitteln	Handlungsbedarf	Schutzmaßnahmen	Durchführung			Überprüfung
	Gefährdungen/ Belastungen	ja/nein	STOP-Prinzip	wer	bis wann	durchgeführt am	Wirksamkeit geprüft durch/am
			Feuerlöscher sind zur Sicherstellung der Funktionsfähigkeit grundsätzlich alle zwei Jahre durch einen Fachkundigen zu warten. Bei starker Beanspruchung, z. B. durch Umwelteinflüsse oder mobilen Einsatz, können kürzere Zeitabstände erforderlich sein (Ziffer 7.5 Abs. 1 und 2 ASR A2.2).				
13.	Schlechte Kennzeichnung von Fluchtwegen und Notausgängen		Es sind deutlich erkennbare und dauerhafte Kennzeichnungen der Fluchtwege, Notausgänge, Notausstiege und Türen im Verlauf von Fluchtwegen sowie der Sammelstelle nach ASR A1.3 zu installieren. Die Dauer der Erkennbarkeit der Sicherheitszeichen aller Varianten muss bei Ausfall der Allgemeinbeleuchtung auf Grundlage einer Gefährdungsbeurteilung festgelegt werden; sie muss mindestens 30 min betragen (Ziffer 8.1 Abs. 2 ASR A2.3). Die Kennzeichnung ist im Verlauf des Hauptfluchtwegs an gut sichtbaren Stellen, eindeutig und innerhalb der Erkennungsweite anzubringen. Die Kennzeichnung muss die Richtung des Fluchtwegs anzeigen. Dabei sind folgende Rahmenbedingungen zu beachten: • Besonders in langgestreckten Räumen sollen Sicherheitszeichen in Laufrichtung jederzeit erkennbar sein. • Die hochmontierten Sicherheitszeichen sollen über den Türen im Verlauf des Fluchtwegs und über Notausgängen angebracht werden. Die Unterkante des Zeichens soll mindestens 2,0 m über Fußbodenoberkante angebracht sein, jedoch nicht höher als 2,5 m. Die Sicherheitszeichen an Wänden parallel zur Fluchtwegrichtung sollen gemessen vom Boden bis zur Unterkante des Zeichens in einer Höhe von 1,7 m bis 2,0 m angebracht werden. Bei Räumen mit einer lichten Höhe von mehr als 5 m können davon abweichend Sicherheitszeichen höher platziert werden. Die Platzierung muss das Blickfeld des Menschen berücksichtigen. • Die Erkennungsweite ergibt sich aus ASR A1.3 „Sicherheits- und Gesundheitsschutzkennzeichnung“, Tabelle 3, für beleuchtete und langnachleuchtende Sicherheitszeichen. Für innenbeleuchtete Sicherheitszeichen in Dauerlichtschaltung verdoppelt sich die Erkennungsweite bei gleichbleibender Zeichengröße. (Ziffer 8.2 Abs. 3 ASR A2.3) Um die Sicherheit beim Verlassen der Arbeitsstätte auch nach Ausfall der Allgemeinbeleuchtung zu erhöhen, können optische Sicherheitsleitsys-				

Nr.	Gefährdungen ermitteln	Hand-lungs-bedarf	Schutzmaßnahmen	Durchführung			Überprüfung
	Gefährdungen/ Belastungen	ja/nein	STOP-Prinzip	wer	bis wann	durchge-führt am	Wirksamkeit geprüft durch/am
			teme zusätzlich zur Kennzeichnung mit hochmontierten Sicherheitszeichen oder zusätzlich zur Sicherheitsbeleuchtung als Orientierungshilfe eingesetzt werden (Ziffer 8.4 ASR A2.3). Fluchtwege und Notausgänge sind mit einer Sicherheitsbeleuchtung auszurüsten, wenn das gefahrlose Verlassen der Arbeitsstätte für die Beschäftigten, insbesondere bei Ausfall der allgemeinen Beleuchtung, nicht gewährleistet ist (Ziffer 2.3 Abs. 1 Anhang ArbStättV). Die Ausstattung von Fluchtwegen mit einer Sicherheitsbeleuchtung kann aus anderen Rechtsvorschriften, insbesondere dem Bauordnungsrecht, gefordert sein. Ist das nicht der Fall, muss geprüft werden, ob das gefahrlose Verlassen der Arbeitsstätte, insbesondere bei Ausfall der Allgemeinbeleuchtung, gewährleistet ist. Bei dieser Prüfung sind für Räume und Bereiche insbesondere folgende Kriterien zu beachten: • hohe Personenbelegung • Flächenausdehnung (z. B. Hallen, Großraumbüros, Verkaufsstätten) • fehlendes Tageslicht (z. B. Räume unter Erdgleiche, innenliegende Treppenräume und Flure, Schichtbetrieb, wenn nicht während der gesamten Arbeitszeit durch das einfallende Tageslicht ein Mindestwert der Beleuchtungsstärke von 1 lx für die Fluchtwege gegeben ist) • betriebliche Gründe für Dunkelheit (z. B. Fotolabor) • Anwesenheit ortsunkundiger Personen (z. B. Kunden, Besucher) • erhöhte Gefährdung (z. B. durch Stolpern und Stürzen, auf Treppen) • unübersichtliche Fluchtwegführung (z. B. bei Fluchtwegen mit häufigen Richtungsänderungen) • eingeschränkte Erkennbarkeit des Fluchtwegs und seiner Begrenzung (z. B. durch neben dem Fluchtweg abgestelltes Lagergut oder im Zuge der Evakuierung spontan abgestellter Arbeitsmittel). Aus dem Ergebnis dieser Prüfung kann sich die Notwendigkeit einer Sicherheitsbeleuchtung ergeben (Ziffer 9 ASR A2.3). Notausgänge und Notausstiege sind, sofern diese von der Außenseite zugänglich sind, auf der Außenseite mit dem Verbotszeichen P023 „Abstellen oder Lagern verboten“ zu kennzeichnen (Ziffer 8.1 Abs. 6 ASR A2.3).				

Nr.	Gefährdungen ermitteln	Handlungsbedarf	Schutzmaßnahmen	Durchführung			Überprüfung
	Gefährdungen/ Belastungen	ja/nein	STOP-Prinzip	wer	bis wann	durchgeführt am	Wirksamkeit geprüft durch/am
14.	Fehlende Informationen zur sicheren Flucht und Rettung		Aushang von Flucht- und Rettungsplänen sind für die Bereiche von Arbeitsstätten zu erstellen, in denen die Lage, die Ausdehnung oder die Art der Benutzung der Arbeitsstätte dies erfordern (Ziffer 10 Abs. 1 ASR A2.3). Dies kann beispielsweise in Bereichen • mit unübersichtlicher Fluchtwegführung (z. B. über Zwischengeschosse, durch größere Räume, bei einer gewinkelten oder von den üblicherweise betrieblich genutzten Verkehrswegen abweichenden Wegführung), • mit einem hohen Anteil an ortsunkundigen Personen (z. B. Arbeitsstätten mit Publikumsverkehr), • mit einer erhöhten Gefährdung oder • wenn sich aus benachbarten Arbeitsstätten Gefährdungsmöglichkeiten ergeben (z. B. durch explosions- bzw. brandgefährdete Anlagen oder Stofffreisetzung), erforderlich sein (Ziffer 10 Abs. 2 ASR A2.3). Geeignete Stellen zum Aushang sind beispielsweise Bereiche in Fluchtwegen, an denen sich häufiger Personen aufhalten, z. B. vor Aufzugsanlagen, in Eingangsbereichen, vor Zugängen zu Treppen, an Kreuzungspunkten von Verkehrswegen. Sie müssen – bezogen auf den Standort des Betrachters – lagerichtig angebracht werden (Ziffer 10 Abs. 3 ASR A2.3). Der Arbeitgeber hat die Beschäftigten über den Verlauf der Fluchtwege, über die bei Nutzung der Fluchtwege und Notausgänge erforderlichen Maßnahmen und die Kennzeichnung sowie über das Verhalten im Gefahrenfall regelmäßig zu unterweisen. Die Unterweisung muss mindestens jährlich erfolgen. Ein notwendiger Flucht- und Rettungsplan ist in die Unterweisung einzubeziehen. Die Unterweisung soll durch eine Begehung der Fluchtwege unterstützt werden (Ziffer 11 Abs. 1 ASR A2.3). Ist für eine Arbeitsstätte die Erstellung eines Flucht- und Rettungsplans erforderlich, sind in regelmäßigen Abständen Evakuierungsübungen durchzuführen (Ziffer 11 Abs. 2 ASR A2.3).				
15.	Unkenntnis über Maßnahmen zur Brandvermeidung		Unterweisung der Beschäftigten über Maßnahmen der Brandverhütung und Verhaltensmaßnahmen im Brandfall, insbesondere über die Nutzung der Fluchtwege und Notausgänge (§ 6 Abs. 3 ArbStättV).				

Nr.	Gefährdungen ermitteln	Handlungsbedarf	Schutzmaßnahmen	Durchführung			Überprüfung
	Gefährdungen/ Belastungen	ja/nein	STOP-Prinzip	wer	bis wann	durchgeführt am	Wirksamkeit geprüft durch/am
	und zum Verhalten in Brandfall		Es sind Aushänge zur Brandschutzordnung Teil A nach DIN 14096 oder der „Regeln für das Verhalten im Brandfall" im Flucht- und Rettungsplan nach ASR A1.3 zu erstellen und auszuhängen, wenn eine erhöhte Brandgefährdung vorliegt, der Aushang von Flucht- und Rettungsplänen nach ASR A2.3 erforderlich ist oder sich häufig Besucher oder Fremdfirmen in der Arbeitsstätte aufhalten, insbesondere, wenn sie nicht begleitet sind (Ziffer 7.1 Abs. 2 ASR A2.2). Die Maßnahmen für alle Beschäftigten sind diesen durch Auslegen oder in elektronischer Form zugänglich zu machen. Dies kann z. B. in Form der Brandschutzordnung Teil B nach DIN 14096 erfolgen (Ziffer 7.1 Abs. 3 ASR A2.2). Die Maßnahmen für Beschäftigte mit besonderen Aufgaben im Brandschutz, soweit diese vorhanden sind (z. B. Brandschutzbeauftragte), sind diesen gegen Nachweis gegebenenfalls auch elektronisch bekannt zu machen. Dies kann z. B. in Form der Brandschutzordnung Teil C nach DIN 14096 erfolgen (Ziffer 7.1 Abs. 4 ASR A2.2).				
16.	Unkenntnis über den Umgang mit Feuerlöscheinrichtungen zur Bekämpfung von Entstehungsbränden		Es ist eine ausreichende Zahl von Brandschutzhelfern zu befähigen und auszubilden (Ziffer 7.3 ASR A2.2 und DGUV Information 205–023).				
17.	Fehlendes Fachwissen zum betrieblichen Brandschutz		Ermittelt der Arbeitgeber eine erhöhte Brandgefährdung, kann die Benennung eines Brandschutzbeauftragten zur Beratung und Unterstützung zu Themen des betrieblichen Brandschutzes zweckmäßig sein (Ziffer 7.4 ASR A2.2). Die Notwendigkeit zur Bestellung eines Brandschutzbeauftragten kann sich auch aus anderen Rechtsvorschriften ergeben. Weitere Informationen zur Qualifikation und Tätigkeit von Brandschutzbeauftragten sind in der DGUV Information 205–003 beschrieben.				
18.	Arbeiten mit Brandgefährdung		Es ist ein Erlaubnisschein für Schweiß-, Schneid-, Löt-, Auftau- und Trennschleifarbeiten zu erstellen und zu verwenden. Werden auf Baustellen Tätigkeiten mit einer erhöhten Brandgefährdung durchgeführt, ist dort bei Tätigkeiten mit einer Brandgefährdung (z. B. Schweißen, Brennschneiden, Trennschleifen, Löten) oder bei der Anwendung von Verfahren, bei denen eine Brandgefährdung besteht (z. B. Farbspritzen, Flammarbeiten) für jedes der dabei eingesetzten und eine				

Nr.	Gefährdungen ermitteln	Hand-lungs-bedarf	Schutzmaßnahmen	Durchführung			Überprüfung
	Gefährdungen/ Belastungen	ja/nein	STOP-Prinzip	wer	bis wann	durchge-führt am	Wirksamkeit geprüft durch/am
			erhöhte Brandgefährdung auslösenden Arbeitsmittel ein Feuerlöscher für die entsprechenden Brandklassen mit mindestens 6 LE in unmittelbarer Nähe bereitzuhalten (Ziffer 8 Abs. 2 ASR A2.2). Weiterhin sind sämtliche Personen, die mit den vorgenannten Arbeitsmitteln tätig werden, theoretisch und praktisch im Umgang mit Feuerlöschern zu unterweisen (Ziffer 8 Abs. 3 ASR A2.2).				
19.	Lagerung brennbarer Gefahrstoffe		Gefahrstoffe dürfen in Arbeitsräumen nur gelagert werden, wenn die Lagerung mit dem Schutz der Beschäftigten vereinbar ist. Die Lagerung hat in besonderen Einrichtungen, z. B. in Sicherheitsschränken, in geeigneten Lagerräumen oder geschützten Bereichen im Freien zu erfolgen, falls dies gemäß Ergebnis der Gefährdungsbeurteilung erforderlich ist (§ 8 Abs. 7 GefStoffV i. V. m. Ziffer 4.2 TRGS 510).				
20.	Tätigkeiten mit brennbaren und oxidierenden Gefahrstoffen		Eine Tätigkeit mit Gefahrstoffen darf erst aufgenommen werden, nachdem eine Gefährdungsbeurteilung durchgeführt und die erforderlichen Schutzmaßnahmen ergriffen worden sind (§ 7 Abs. 1 und 2 GefStoffV). Für die Sicherheit und Gesundheit der Beschäftigten und anderer sowie den Schutz der Umwelt (z. B. vor Folgeschäden durch Brandgase, Löschmittel u. a.) bei Tätigkeiten mit brennbaren oder oxidierenden Gefahrstoffen, bei denen Brandgefährdungen entstehen können, ist z. B. die TRGS 800 zu berücksichtigen. Zur Erfüllung weitergehender Schutzziele wie z. B. dem Schutz von Sachwerten oder dem Schutz vor Betriebsunterbrechungen können zusätzliche Maßnahmen erforderlich sein. Auch können sich noch weitergehende rechtliche Anforderungen, z. B. nach Störfallrecht und Sprengstoffrecht ergeben. Besteht zusätzlich zur Brandgefährdung auch eine Explosionsgefährdung, dann ist diese nach den einschlägigen Vorschriften zum Explosionsschutz zu betrachten				
21.	Nichtbeachtung der besonderen Belange der Beschäftigten mit Behinderungen		Anforderungen für die barrierefreie Gestaltung und Ausstattung von Arbeitsstätten sind in der ASR V3a.2 sowie in den DGUV Informationen 215–111 und DGUV Information 215-112 beschrieben. In Brandschutzkonzepten sind die Belange von Menschen mit motorischen und/oder sensorischen Einschränkungen z. B. bei der Gestaltung der Fluchtwege und Notausgänge, der Türen und Tore, der Sicherheitsbeleuchtung und der Sicherheits- und Gesundheitsschutzkennzeichnung				

Nr.	Gefährdungen ermitteln	Hand-lungs-bedarf	Schutzmaßnahmen	Durchführung			Überprüfung
	Gefährdungen/ Belastungen	ja/nein	STOP-Prinzip	wer	bis wann	durchge-führt am	Wirksamkeit geprüft durch/am
			zu berücksichtigen. Grundsätzlich eignet sich hierfür die Anwendung des Zwei-Sinne-Prinzips. Dies bedeutet, dass Informationen mindestens für zwei der drei Sinne „Hören, Sehen und Tasten" zugänglich sind (z. B. gleichzeitige optische und akustische Alarmierung). Zum Ausgleich nicht ausreichend vorhandener motorischer Fähigkeiten, sind barrierefrei gestaltete alternative Maßnahmen vorzusehen, z. B. das Öffnen einer Tür mechanisch mit Türgriffen und zusätzlich elektromechanisch mit Tastern oder durch Näherungsschalter oder das Überwinden eines Höhenunterschieds mittels Treppe und zusätzlich einer Rampe oder eines Aufzugs. Oftmals lassen sich Türen im Verlauf von Flucht- und Rettungswegen mit manuellen Türschließern nur schwer öffnen. Für Beschäftigte, die eine Gehhilfe oder einen Rollstuhl benutzen oder deren Hand-/Arm-Motorik eingeschränkt ist, darf der maximale Kraftaufwand für das Öffnen von handbetätigten Türen und Toren zur Einleitung einer Bewegung, z. B. des Türblatts, und für die Bedienung handbetätigter Beschläge, z. B. des Drückers, nicht mehr als 25 N betragen. Das maximale Moment für handbetätigte Beschläge darf nicht größer als 2,5 Nm sein. Können die Maximalwerte für Kraft oder Drehmoment nicht eingehalten werden, sind kraftbetätigte Türen und Tore vorzusehen (Anhang A1.7 Abs. 10 ASR V3a.2).				

Prüfliste
Überprüfung der Erfüllung der TRGS 400

Firma/Einrichtung und Stempel

Firma/Einrichtung: ______________________

Name des Prüfers: ______________________

Ort/Datum: ______________________ , den ____________

Anmerkung: SDB = Sicherheitsdatenblatt, LBO = Landesbauordnung, GBU = Gefährdungsbeurteilung

Nr.	Prüffragen	Weiterführende Hilfestellung	geprüft		Maßnahmen bis wann
			Ja	Nein	
1.	Unterliegt das Unternehmen (oder Teilbereiche) der GefStoffV?	GefStoffV, § 6	☐	☐	
2.	Besteht die Gefahr der Gefährdung durch Hautkontakte?	Betriebsarzt, SDB, TRGS 401	☐	☐	
3.	Besteht die Gefahr, dass sich gefährliche Stoffe durch Einatmen im Körper schädlich auswirken?	Betriebsarzt, SDB, TRGS 402	☐	☐	
4.	Besteht die Gefahr, dass gesundheitsschädliche Stoffe über die Nase in die Lunge oder über die Haut in den Körper gerät?	GefStoffV (§ 3), TRGS 406	☐	☐	
5.	Gibt es Gefährdungen bei der Tätigkeit mit Gasen?	TRGS 407	☐	☐	
6.	Entsteht ggf. eine explosionsfähige Atmosphäre?		☐	☐	
7.	Sind ggf. bauliche, technische oder organisatorische Maßnahmen des Brandschutzes nötig?	TRGS 800, LBO	☐	☐	
8.	Gibt es besondere Gefahren für die Belegschaft in Laboren (Brand, Entrauchung, Flucht, …)?	DGUV Information 213-850	☐	☐	
9.	Gibt es Gefahren durch oder für Fremdfirmen?	GefStoffV, § 15	☐	☐	
10.	Ist die dauerhafte Umsetzung der Schutzmaßnahmen garantiert?		☐	☐	
11.	Liegen alle Informationen über Stoffe und Tätigkeiten vor?		☐	☐	
12.	Liegen alle Informationen über Arbeits- und Umgebungsbedingungen vor?		☐	☐	
13.	Sind alle Informationen vorhanden über Besonderheiten oder auch Einschränkungen/Behinderungen bei der Belegschaft?		☐	☐	
14.	Gibt es Verantwortliche, Stellvertreter und sind die Schnittstellen klar definiert?		☐	☐	
15.	Sind die Arbeitsabläufe klar geregelt?		☐	☐	
16.	Sind die dabei vorgegebenen Maßnahmen bekannt und umgesetzt?		☐	☐	
17.	Ist für ausreichende Qualifikation und Unterweisung der Belegschaft gesorgt?		☐	☐	

Nr.	Prüffragen	Weiterführende Hilfestellung	geprüft		Maßnahmen bis wann
			Ja	Nein	
18.	Sind alle Anweisungen eindeutig, also nicht anders zu deuten?		☐	☐	
19.	Ist definiert, welche Informationspflichten es einerseits und welche Meldepflichten andererseits vorgegeben sind?		☐	☐	
20.	Hat man sich von der Wirksamkeit der Schutzmaßnahmen überzeugt?		☐	☐	
21.	Ist die Umsetzung der vorgegebenen Schutzmaßnahmen jederzeit möglich?		☐	☐	
22.	Werden die Kontrollen von verantwortlichen Personen durchgeführt?		☐	☐	
23.	Sind alle vor Aufnahme der Tätigkeiten sicherheitstechnisch unterwiesen?		☐	☐	
24.	Liege eine aktuelle und bekannt gegebene GBU vor?		☐	☐	
25.	Gibt es (wo nötig) ausreichend viele, hygienische und passende PSA?		☐	☐	
26.	Gibt es bereits Ausarbeitungen in Richtung Sicherheit und GBU, auf die man zurückgreifen kann?		☐	☐	
27.	Wird die GBU regelmäßig (z. B. jährlich oder nach gesetzlichen Veränderungen) kritisch durchleuchtet?		☐	☐	
28.	Wurde die GBU fachlich ausreichend gut erstellt von Personen mit unterschiedlichen Qualifikationen (z. B. chemisch, brandschutztechnisch, ggf. juristisch, baulich, medizinisch)?		☐	☐	
29.	Fanden für alle Stoffe Substitutionsprüfungen statt?	TRGS 600	☐	☐	
30.	Gibt es sicherheitstechnische Tipps von Branchenverbänden, Feuerwehren, Versicherungen oder der BG?		☐	☐	
31.	Sind bei der GBU alle Tätigkeiten (z. B. auch der innerbetriebliche Transport und die Vorgänge bei der Entsorgung) berücksichtigt?		☐	☐	
32.	Sind die Expositionsbedingungen klar und ehrlich festgehalten?		☐	☐	
33.	Gibt es pauschale und individuelle Schutzmaßnahmen?		☐	☐	
34.	Ist klar, dass es nach Veränderungen der sicherheitstechnischen Maßnahmen eine neue GBU sowie neue Unterweisung gibt?		☐	☐	
35.	Ist klar, dass es bei folgenden Situationen Reaktionen geben muss, bevor erneut gearbeitet wird: - Neuer Gefahrstoff - Andere Arbeitsgeräte - Änderung der Tätigkeiten - Mengenveränderungen - Technische Veränderungen - Negatives Resultat der Wirksamkeitsprüfung - Vorgaben vom Betriebsarzt - AGW-Veränderungen Veränderungen der SDB	u. a. GefStoffV, BetrSichV ArbMedVV TRGS 900, TRGS 903, TRGS 905, TRGS 906, TRGS 910	☐	☐	

Nr.	Prüffragen	Weiterführende Hilfestellung	geprüft		Maßnahmen bis wann
			Ja	Nein	
36.	Gibt es nach Unfällen, Beinaheunfällen oder Bränden konstruktive Veränderungen?		☐	☐	
37.	Wird die Freisetzung von Stoffen minimiert?		☐	☐	
38.	Gibt es Maßnahmenvorgaben bei unbeabsichtigten Vorkommnissen bzw. Störfällen?		☐	☐	
39.	Liegen ausreichend Informationen über die Arbeitsstoffe, deren Menge, die Tätigkeiten und der Alternativen vor?		☐	☐	
40.	Sind alle SDB sicher aktuell und richtig (jährliche Überprüfung sinnvoll)?		☐	☐	
41.	Wurden SDB auf offensichtliche Fehler und Unvollständigkeit hin überprüft?		☐	☐	
42.	Sind bei allen Lieferanten sachdienliche Informationen für die Gefahrenreduktion eingefordert?		☐	☐	
43.	Sind alle Stoffe u. a. auf folgende Kriterien hin geprüft: - Toxisch - Hautreizend - Keimzellenmutagen - Hautsensibilisierend Gefährlich nach wiederholter Applikation		☐	☐	
44.	Wurden auch mögliche Stäube auf ihre Gefahren hin analysiert?		☐	☐	
45.	Sind die Gefahren von Schweißrauchgasen, geschliffenem Holz oder freigesetzte Lösemittel bekannt und konstruktiv angegangen?		☐	☐	
46.	Sind besondere Vorsorgemaßnahmen umgesetzt, wenn mit Asbest gearbeitet wird?		☐	☐	
47.	Sind alle Arbeitsverfahren (Anfahren, Abfahren, Reinigen, Wiederinbetriebnahme, Lagerung, …) bekannt und die spezifischen Gefahren dabei?		☐	☐	
48.	Werden Hinweise der Beschäftigten ausreichend berücksichtigt?		☐	☐	
49.	Sind die technischen Schutzeinrichtungen (Kapselung, Absaugung, Lüftung usw.) funktionsfähig und ausreichend?		☐	☐	
50.	Sind die organisatorischen Schutzmaßnahmen ausreichend und werden sie eingehalten?		☐	☐	
51.	Sind die personenbezogenen Schutzmaßnahmen ausreichend und werden sie auch angewandt?		☐	☐	
52.	Geht man auf vorhersehbare Betriebsstörungen ausreichend ein?		☐	☐	
53.	Sind mögliche Wechselwirkungen oder Kombinationswirkungen bekannt und werden diese kompensiert?		☐	☐	
54.	Gibt es Arbeitsplatzmessungen und werden die biologischen Grenzwerte eingehalten?	TRGS 900, TRGS 903, TRGS 910, Anl. 1, Tab. 2	☐	☐	
55.	Liegt das Gefahrstoffverzeichnis mit den vorgegebenen Inhalten vor?	TRGS 400, Kap. 5.8(3)	☐	☐	

FORUM

Nr.	Prüffragen	Weiterführende Hilfe-stellung	geprüft		Maßnahmen bis wann
			Ja	Nein	
56.	Ist dieses Verzeichnis aktuell, was den Inhalt und die Mengen betrifft?		☐	☐	
57.	Ist sichergestellt, dass Getränke und Lebens-mittel in einem anderen Raum aufgenommen werden oder die Behälter sicher verschlossen und verwechslungssicher sind?		☐	☐	
58.	Gibt es für die GBU Empfehlungen Dritter?		☐	☐	
59.	Ist der betriebliche Brandschutz ausreichend sichergestellt?	TRGS 800	☐	☐	
60.	Geht man auf mögliche gefährliche explosions-fähige Atmosphäre ausreichend ein?	TRGS 509, TRGS 720, TRGS 721, TRGS 722	☐	☐	
61.	Wird mit sprengfähigen Materialien gearbeitet?	SprengG	☐	☐	
62.	Gibt es ggf. Gefahren von pyrophoren Stoffen?		☐	☐	
63.	Wird mit selbstentzündlichen oder selbsterhit-zungsfähigen Stoffen gearbeitet?		☐	☐	
64.	Gibt es Stoffe, die in Berührung mit Wasser entzündbare Gase entwickeln?		☐	☐	
65.	Gibt es Tätigkeiten, bei den Stich- oder Schnitt-verletzungen auftreten können?		☐	☐	
66.	Ist bei der Festlegung von Maßnahmen zur Ge-fahrenabwehr klar, dass es folgende Priorität gibt: Substitution, technisches, bauliches, orga-nisatorisches und erst am Ende personenbezo-genes?		☐	☐	
67.	Wird mit Ammoniumnitrat oder solchen Gemi-schen gearbeitet?		☐	☐	
68.	Wird mit organischen Peroxiden gearbeitet?		☐	☐	
69.	Ist die gestellte PSA auch für alle Stoffe geeig-net, mit denen gearbeitet wird?		☐	☐	

Datum, Unterschrift des Prüfers: ______________________________

Prüfliste

Überprüfung der Schutzmaßnahmen nach TRGS 800

Firma/Einrichtung und Stempel

Firma/Einrichtung: ______________________________

Name des Prüfers: ______________________________

Ort/Datum: ______________________________ , den ______________

Nr.	Prüffragen	geprüft		Maßnahmen bis wann
		Ja	Nein	
Anwendungsbereich				
1.	Liegen Tätigkeiten mit brennbaren oder oxidierenden Gefahrstoffen vor, bei denen Brandgefährdungen entstehen können?	☐	☐	
2.	Werden bei einer Explosionsgefährdung weitere Vorschriften beachtet?	☐	☐	
Durchführung der Gefährdungsbeurteilung				
3.	Erfolgt die Beurteilung der Brandgefährdung im Rahmen der Gefährdungsbeurteilung?	☐	☐	
4.	Ist die Person fachkundig, die die Brandgefährdung beurteilt?	☐	☐	
Informationsermittlung				
5.	Werden Tätigkeiten mit brennbaren oder oxidierenden Gefahrstoffen durchgeführt oder werden diese bei Tätigkeiten freigesetzt?	☐	☐	
6.	Gibt es die Möglichkeit der Substitution der brennbaren oder oxidierenden Gefahrstoffe?	☐	☐	
7.	Gibt es die Möglichkeit einer Verfahrensänderung im Verarbeitungsprozess in Richtung geringerer Gefährdung?	☐	☐	
8.	Berücksichtigt die Gefährdungsbeurteilung alle relevanten Faktoren eines Brands?	☐	☐	
9.	Wurde ermittelt, an welchen Orten, in welchen Mengen und in welchem Zustand brennbare oder oxidierende Gefahrstoffe vorhanden sind oder entstehen können?	☐	☐	
10.	Wurde die Beurteilung unter Berücksichtigung der verschiedenen Betriebszustände durchgeführt?	☐	☐	
11.	Wurden Betriebszustände, welche gesonderte Maßnahmen erforderlich machen, getrennt beurteilt?	☐	☐	
12.	Wurden Betriebszustände, welche gesonderte Maßnahmen erforderlich machen, getrennt beurteilt?	☐	☐	
13.	Wurden zusätzliche Aspekte berücksichtigt? Hinweis: z. B. besondere Arbeitsbedingungen, in der Mobilität eingeschränkte Personen, Leiharbeiter	☐	☐	

Nr.	Prüffragen	geprüft		Maßnahmen bis wann
		Ja	Nein	
14.	Wurden alle Informationen über die relevanten physikalisch-chemischen Eigenschaften der vorhandenen brennbaren oder oxidierenden Gefahrstoffe und deren Beurteilung hinsichtlich der Brandgefährdung beschafft? Hinweis: z. B. Sicherheitsdatenblätter	☐	☐	
15.	Wird berücksichtigt, dass bei der Bewertung sicherheitstechnischer Kenngrößen, abhängig vom Prüfverfahren, abweichende Umgebungsparameter zugrunde liegen können?	☐	☐	
16.	Wurde ermittelt, welche relevanten Zündquellen vorhanden sind oder vorhanden sein können bzw. durch nicht bestimmungsgemäße Betriebszustände entstehen können?	☐	☐	
17.	Werden Zündquellen durch die Einwirkung von Wärmeenergie, elektrischer/mechanischer/chemischer Energie beachtet?	☐	☐	
18.	Wurde zur Informationsermittlung Folgendes berücksichtigt:			
	• bauordnungsrechtliche Anordnungen in Bezug auf Brandschutzvorgaben?	☐	☐	
	• bereits vorhandene Brandschutzmaßnahmen oder ggf. vorhandene Maßnahmen aus Brandschutzgutachten und Brandschutzkonzepten?	☐	☐	
	• ggf. vorhandene Ergebnisse der Gefährdungsbeurteilung nach ArbSchG, ArbStättV, GefStoffV und BetrSichV?	☐	☐	
	• ggf. vorhandene Sicherheitsberichte gem. Störfallverordnung?	☐	☐	
	• ggf. vorhandene Schutzmaßnahmen aufgrund weitergehender Schutzziele (z. B. Umweltschutz)?	☐	☐	
Beurteilung der Brandgefährdung				
19.	Werden bei der Beurteilung der Höhe der Brandgefährdung			
	• die physikalisch-chemischen Eigenschaften und sicherheitstechnischen Kenngrößen der brennbaren Gefahrstoffe berücksichtigt?	☐	☐	
	• deren Menge, Dispersionsgrad und Verteilung berücksichtigt?	☐	☐	
	• die Wirksamkeit der Zündquelle berücksichtigt?	☐	☐	
	• die physikalischen Randbedingungen (z. B. Temperatur) und sonstige Randbedingungen (z. B. Oberflächenstrukturen) berücksichtigt?	☐	☐	
20.	Werden entsprechend der ermittelten Brandgefährdung (normal, hohe, erhöhte) die notwendigen Maßnahmen abgeleitet?	☐	☐	
Festlegung von Maßnahmen				
21.	Wurde das Substitutionsgebot beachtet?	☐	☐	

Nr.	Prüffragen	geprüft		Maßnahmen bis wann
		Ja	Nein	
22.	Wurden die zusätzlichen Brandschutzmaßnahmen bei erhöhter oder hoher Brandgefährdung mit den betrieblichen Gegebenheiten abgestimmt?	☐	☐	
Überprüfung der Wirksamkeit von Schutzmaßnahmen				
23.	Wird die Wirksamkeit der bestehenden und der getroffenen technischen Schutzmaßnahmen überprüft (siehe Plausibilitätsprüfung)?	☐	☐	
24.	Erfolgt die Überprüfung der technischen Schutzmaßnahmen mindestens jedes dritte Jahr, wenn nicht kürzere Prüfintervalle festgeschrieben wurden?	☐	☐	
25.	Werden die Ergebnisse der Überprüfungen in geeigneter Form dokumentiert?	☐	☐	
26.	Erfolgt eine Überprüfung und ggf. Anpassung der Maßnahmen bei sich ändernden Gegebenheiten?	☐	☐	
Dokumentation				
27.	Wird die Dokumentation nach GefStoffV durchgeführt und ist Bestandteil der Dokumentation nach ArbSchG?	☐	☐	
28.	Werden die Mindestangaben aus TRGS 400 Nr. 8 sowie TRBS 1111 berücksichtigt?	☐	☐	
29.	Werden vorhandene Dokumentationen genutzt bzw. ergänzt?	☐	☐	
Plausibilitätsprüfung der Ergebnisse von Gefährdungsbeurteilungen				
30.	Liegt eine Beschreibung der Tätigkeit bzw. Anlage und der örtlichen Situation vor?	☐	☐	
31.	Sind alle zu erwartenden Betriebszustände beurteilt?	☐	☐	
32.	Ist die Art der Verwendung der brennbaren oder oxidierenden Gefahrstoffe beschrieben?	☐	☐	
33.	Ist der zu beurteilende Bereich genau definiert (Abgrenzung zu anderen Bereichen)?	☐	☐	
34.	Stimmt die Nutzung des Raums/Gebäudes mit der baurechtlich genehmigten Nutzung überein?	☐	☐	
35.	Ist die Anzahl der Beschäftigten oder anderer Personen bekannt?	☐	☐	
36.	Sind alle wirksamen Zündquellen ermittelt und bewertet?	☐	☐	
37.	Ist die Möglichkeit des Ersatzes des brennbaren oder oxidierenden Gefahrstoffs geprüft worden (Substitution)?	☐	☐	
38.	Ist der brennbare oder oxidierende Gefahrstoff nur in der erforderlichen Menge vorhanden?	☐	☐	
39.	Sind die Flucht- und Rettungswege (Länge, Anzahl) im Hinblick auf eine sichere Nutzung und eine Alarmierung zur Gebäudeevakuierung bewertet worden?	☐	☐	

Nr.	Prüffragen	geprüft		Maßnahmen bis wann
		Ja	Nein	
40.	Sind zusätzliche Maßnahmen (z. B. Zugänglichkeit für die Feuerwehr, Löschmittelversorgung) für eine wirksame Brandbekämpfung erforderlich?	☐	☐	
41.	Sind aufgrund einer hohen Brandgefährdung zusätzlich Brandmeldeanlagen bzw. Löschanlagen erforderlich?	☐	☐	
42.	Sind aufgrund einer hohen Brandgefährdung zusätzliche Maßnahmen (z. B. Notstromversorgung) erforderlich?	☐	☐	
43.	Ist die Notwendigkeit zusätzlicher Qualifikationen und Unterweisungen der Mitarbeiter geprüft worden?	☐	☐	
44.	Ist die Notwendigkeit einer Zugangsbeschränkung für den beurteilten Bereich geprüft worden?	☐	☐	
45.	Ist die Notwendigkeit spezieller Arbeitskleidung geprüft worden?	☐	☐	

Datum, Unterschrift des Prüfers: ______________________________

NOTFALL-
MANAGEMENT

Checkliste

Bildung eines betriebsinternen Krisenstabs

Firma/Einrichtung und Stempel

Firma/Einrichtung: ______________________

Name des Prüfers: ______________________

Ort/Datum: ______________________, den ____________

Nr.	Prüffragen	geprüft		Maßnahmen bis wann
		Ja	Nein	
1.	Ist das Erfordernis zur Bildung eines betrieblichen Krisenstabs geklärt?	☐	☐	
2.	Wurde die Zusammensetzung des betrieblichen Krisenstabs besprochen?	☐	☐	
3.	Befindet sich die Unternehmensleitung mit im Krisenstab?	☐	☐	
4.	Wurden die Führungskräfte zur Mitwirkung im Krisenstab verpflichtet?	☐	☐	
5.	Wurden Fachkräfte (z. B. aus dem Bereich der Gebäudetechnik) zur Mitwirkung im Krisenstab verpflichtet?	☐	☐	
6.	Wurden die Brandschutzbeauftragten des Unternehmens zur Mitwirkung im Krisenstab verpflichtet?	☐	☐	
7.	Wurden die Fachkräfte für Arbeitssicherheit zur Mitwirkung im Krisenstab verpflichtet?	☐	☐	
8.	Wurden Vertreter des Werkschutzes zur Mitwirkung im Krisenstab verpflichtet (da wo vorhanden)?	☐	☐	
9.	Wurden Vertreter des Sicherheitsdienstes zur Mitwirkung im Krisenstab verpflichtet (da wo vorhanden)?	☐	☐	
10.	Wurden für die unter den Punkten 4 bis 9 genannten Personenkreise Vertreterregelungen geschaffen?	☐	☐	
11.	Wurde geregelt, wie die Pressearbeit im Krisenfall zu gestalten ist?	☐	☐	
12.	Wurden Personen benannt, welche die Pressearbeit im Krisenfall durchführen?	☐	☐	
13.	Ist bekannt, dass Führungspersonal der Feuerwehr mit in die Führungsarbeit einzubinden ist?	☐	☐	
14.	Ist bekannt, dass Führungspersonal der Polizei mit in die Führungsarbeit einzubinden ist?	☐	☐	
15.	Ist bekannt, dass Führungspersonal des Rettungsdienstes mit in die Führungsarbeit einzubinden ist?	☐	☐	

Nr.	Prüffragen	geprüft		Maßnahmen bis wann
		Ja	Nein	
16.	Ist bekannt, dass Führungspersonal sonstiger Behörden mit in die Führungsarbeit einzubinden ist?	☐	☐	
17.	Wurden geklärt, wer die Leitung des Krisenstabs zu übernehmen hat? (Anm.: Dies muss nicht unbedingt die Unternehmensleitung sein)	☐	☐	
18.	Wurde für diese Leitungsfunktion eine Vertreterregelung geschaffen?	☐	☐	
19.	Sind der Aufbau und die Arbeitsstruktur im Krisenstab definiert (Stabsdienstordnung)?	☐	☐	
20.	Sind Weisungsbefugnisse (z. B. Anordnung der Gebäudeevakuierung) klar geregelt?	☐	☐	
21.	Gibt es einen Alarmplan zur Einberufung des Krisenstabs?	☐	☐	
22.	Wird dieser Alarmplan ständig aktuell gehalten?	☐	☐	
23.	Gibt es Räumlichkeiten, in denen ein Krisenstab tagen kann?	☐	☐	
24.	Befinden sich in diesem Raum alle erforderlichen Mittel zur Visualisierung und Kommunikation?	☐	☐	
25.	Sind alle erforderlichen Unterlagen (z. B. Produktionspläne, Anwesenheitslisten der Beschäftigten, Feuerwehrpläne) ständig aktuell und verfügbar?	☐	☐	
26.	Wird die Arbeit des Krisenstabs regelmäßig geübt?	☐	☐	

Datum, Unterschrift des Prüfers: ______________________________

Checkliste
Vorbereitung auf Stromausfälle

Firma/Einrichtung und Stempel

Firma/Einrichtung: ____________________

Name des Prüfers: ____________________

Ort/Datum: ____________________ , den ____________

Nr.	Prüffragen	geprüft		Maßnahmen bis wann
		Ja	Nein	
1.	Gibt es gesetzliche Vorgaben, welche Sie dazu verpflichten, sich auf Stromausfälle vorzubereiten?	☐	☐	
2.	Wurde bezüglich dieser Vorgaben Rechtskonformität hergestellt?	☐	☐	
3.	Wurden alle technischen Anlagen erfasst, welche von einem Stromausfall betroffen sein könnten?	☐	☐	
4.	Wurde geprüft, welche Auswirkungen der Ausfall dieser Anlagen haben wird?	☐	☐	
5.	Wurde geprüft, ob durch den Ausfall dieser Anlagen zusätzliche Gefahren entstehen können?	☐	☐	
6.	Wurden mögliche Ausfallszenarien beschrieben?	☐	☐	
7.	Wurden technische Rückfallebenen für den Ausfall der technischen Anlagen geschaffen?	☐	☐	
8.	Wurden Ausfallszenarien und erforderliche Rückfallebenen in einem Handbuch beschrieben?	☐	☐	
9.	Wurden die Beschäftigten über das Verhalten bei Stromausfall unterwiesen?	☐	☐	
10.	Wird anhand der geplanten Maßnahmen regelmäßig im Unternehmen die Situation „Stromausfall" geübt?	☐	☐	
11.	Wurde geprüft, welche Konsequenzen ein längerer Stromausfall (Black-out) auf die betriebliche Personalsituation haben wird?	☐	☐	
12.	Gibt es diesbezüglich Personalausfallplanungen?	☐	☐	
13.	Gibt es Planungen für die Versorgung der im Dienst befindlichen Beschäftigten, falls diese das Unternehmen nicht verlassen können bzw. zur Aufrechterhaltung des Dienstbetriebs dürfen?	☐	☐	
14.	Wurde geprüft, welche Auswirkungen ein Stromausfall auf die Absicherung des Betriebsgeländes hat (ggf. Ausfall von Torsteuerungen, Beleuchtung, Überwachungskameras)?	☐	☐	

Nr.	Prüffragen	geprüft		Maßnahmen bis wann
		Ja	Nein	
15.	Wurden entsprechende Ausfallszenarien für den Ausfall der technischen Absicherung festgelegt (z. B. Kontrollgänge durch Werkschutz/Security)?	☐	☐	
16.	Wurde geprüft, welche Auswirkungen ein längerer Stromausfall auf die Einsatzfähigkeit der Hilfsorganisationen (Feuerwehr, Polizei, Rettungsdienst) haben könnte?	☐	☐	
17.	Wurde für den Brandfall die erforderliche Anzahl an betrieblichen Brandschutzhelfern ausgebildet und benannt?	☐	☐	
18.	Wurde für den Fall von medizinischen Notfällen die erforderliche Anzahl von Sanitätshelfern ausgebildet?	☐	☐	
19.	Steht eigenes technisches Personal für den Fall eines Stromausfalls zur Verfügung?	☐	☐	
20.	Ist für den Fall eines längerfristigen Stromausfalls der Einsatz eines internen Krisenstabs vorgeplant?	☐	☐	
21.	Sind der Aufbau und die Arbeitsstruktur im Krisenstab definiert (Stabsdienstordnung)?	☐	☐	
22.	Sind Weisungsbefugnisse (z. B. Einberufung von dienstfreiem Personal) klar geregelt?	☐	☐	
23.	Gibt es einen Alarmplan zur Einberufung des Krisenstabs?	☐	☐	
24.	Wird dieser Alarmplan ständig aktuell gehalten?	☐	☐	
25.	Gibt es Räumlichkeiten, in denen ein Krisenstab tagen kann?	☐	☐	
26.	Befinden sich in diesem Raum alle erforderlichen Mittel zur Visualisierung und Kommunikation?	☐	☐	
27.	Sind alle erforderlichen Unterlagen (z. B. Produktionspläne, Anwesenheitslisten der Beschäftigten, Feuerwehrpläne) ständig aktuell und verfügbar?	☐	☐	
28.	Gibt es eine Liste mit Kontaktdaten der für den Dienstbetrieb erforderlichen Versorger (z. B. Kraftstoff für Notstromanlagen)?	☐	☐	
29.	Gibt es eigene Fahrzeuge, die für Versorgungsfahrten, aber auch Personentransporte eingesetzt werden können?	☐	☐	
30.	Gibt es eine Liste mit Kontaktdaten über ggf. erforderliche Behörden und/oder Firmen?	☐	☐	

Datum, Unterschrift des Prüfers: ______________________________

Checkliste

Vorbereitung auf Extremwetterereignisse

Firma/Einrichtung und Stempel

Firma/Einrichtung: ______________________

Name des Prüfers: ______________________

Ort/Datum: ______________________ , den ____________

Nr.	Prüffragen	geprüft		Maßnahmen bis wann
		Ja	Nein	
1.	Gibt es gesetzliche Vorgaben, welche Sie dazu verpflichten, einen unterbrechungsfreien Betriebsablauf zu gewährleisten?	☐	☐	
2.	Wurde grundsätzlich geklärt, welche Auswirkungen Extremwetterereignisse auf die betrieblichen Abläufe haben könnten?	☐	☐	
3.	Verfügen Sie über Möglichkeiten, zeitnah bzw. im Vorfeld Informationen über mögliche Extremwetterlagen zu erhalten?	☐	☐	
4.	Wurde grundsätzlich geprüft, wie man die betrieblichen Arbeitsabläufe auch unter dem Einfluss von Extremwetterereignissen gewährleisten kann?	☐	☐	
5.	Gibt es Vorbereitungen für einen unvorhergesehenen Personalausfall durch Extremwetterereignisse?	☐	☐	
6.	Gibt es Planungen, wie Personalausfälle organisatorisch lösbar sind?	☐	☐	
7.	Bestehen Möglichkeiten, Personal mit Lebensmitteln für den Fall zu versorgen, dass dieses den Arbeitsplatz nicht verlassen kann?	☐	☐	
8.	Gibt es Unterbringungsmöglichkeiten für Personal, welches den Arbeitsplatz nicht verlassen kann?	☐	☐	
9.	Gibt es Bewertungen, welche Auswirkungen Extremwetterereignisse auf die betrieblichen Produktionsabläufe haben könnten?	☐	☐	
10.	Sind die für den betrieblichen Produktionsprozess erforderlichen Rohstoffe zumindest für eine kurze Übergangszeit verfügbar?	☐	☐	
11.	Bestehen Möglichkeiten, Waren und Dienstleistungen auch unter dem Einfluss von Extremwetterereignissen auszuliefern bzw. anzubieten?	☐	☐	
12.	Wurde geprüft, welche Auswirkungen Extremwetterereignisse auf das Betriebsgelände und die betriebliche Technik haben könnten?	☐	☐	
13.	Wurden Rückfallebenen für den Ausfall technischer Anlagen geschaffen?	☐	☐	
14.	Wurde sich auf den Ausfall der öffentlichen Stromversorgung vorbereitet?	☐	☐	
15.	Wurde sich auf den Ausfall der öffentlichen Trinkwasserversorgung vorbereitet?	☐	☐	
16.	Wurde sich auf den Ausfall der öffentlichen Gasversorgung vorbereitet?	☐	☐	

Nr.	Prüffragen	geprüft		Maßnahmen bis wann
		Ja	Nein	
17.	Wurde sich auf den Ausfall der Heizungsanlage vorbereitet?	☐	☐	
18.	Wurden Ausfallszenarien und erforderliche Rückfallebenen in einem Handbuch beschrieben?	☐	☐	
19.	Wurden die Beschäftigten über das Verhalten bei Extremwetterereignissen unterwiesen?	☐	☐	
20.	Wird anhand der geplanten Maßnahmen regelmäßig im Unternehmen die Situation „Extremwetterereignis" geübt?	☐	☐	
21.	Wurde geprüft, welche Auswirkungen Extremwetterereignisse auf die Einsatzfähigkeit der Hilfsorganisationen (Feuerwehr, Polizei, Rettungsdienst) haben könnten?	☐	☐	
22.	Wurde für den Brandfall die erforderliche Anzahl an betrieblichen Brandschutzhelfern ausgebildet und benannt?	☐	☐	
23.	Wurde für den Fall von medizinischen Notfällen die erforderliche Anzahl von Sanitätshelfern ausgebildet?	☐	☐	
24.	Steht eigenes technisches Personal zur Bewältigung von Extremwetterereignissen zur Verfügung?	☐	☐	
25.	Ist für den Fall einer länger andauernden Extremwetterlage der Einsatz eines internen Krisenstabs vorgeplant?	☐	☐	
26.	Sind der Aufbau und die Arbeitsstruktur im Krisenstab definiert (Stabsdienstordnung)?	☐	☐	
27.	Sind Weisungsbefugnisse (z. B. Einberufung von dienstfreiem Personal) klar geregelt?	☐	☐	
28.	Gibt es einen Alarmplan zur Einberufung des Krisenstabs?	☐	☐	
29.	Wird dieser Alarmplan ständig aktuell gehalten?	☐	☐	
30.	Gibt es Räumlichkeiten, in denen ein Krisenstab tagen kann?	☐	☐	
31.	Befinden sich in diesem Raum alle erforderlichen Mittel zur Visualisierung und Kommunikation?	☐	☐	
32.	Sind alle erforderlichen Unterlagen (z. B. Produktionspläne, Anwesenheitslisten der Beschäftigten, Feuerwehrpläne) ständig aktuell und verfügbar?	☐	☐	
33.	Gibt es eine Liste mit Kontaktdaten der für den Dienstbetrieb erforderlichen Versorger (z. B. Kraftstoff für Notstromanlagen)?	☐	☐	
34.	Gibt es eigene Fahrzeuge, die für Versorgungsfahrten, aber auch für Personentransporte eingesetzt werden können?	☐	☐	
35.	Gibt es eine Liste mit Kontaktdaten über ggf. erforderliche Behörden und/oder Firmen?	☐	☐	

Datum, Unterschrift des Prüfers: ______________________________

Checkliste

Vorbereitung auf Hochwasser und/oder Starkregenereignisse

Firma/Einrichtung und Stempel

Firma/Einrichtung: ______________________

Name des Prüfers: ______________________

Ort/Datum: ______________________, den ______________

Nr.	Prüffragen	geprüft		Maßnahmen bis wann
		Ja	Nein	
1.	Werden Wasserstandsmeldungen und behördliche Warnungen beachtet?	☐	☐	
2.	Wurde dementsprechend Personal für die Beobachtung der Warnlage eingeteilt?	☐	☐	
3.	Wurden für das Unternehmen im Vorfeld zu solchen Situationen kritische Hochwasserstände ermittelt?	☐	☐	
4.	Wurde Personal für die innerbetriebliche Wasserwehr ausgebildet und eingeteilt?	☐	☐	
5.	Wurde Personal für eventuelle Evakuierungssituationen ausgebildet und eingeteilt?	☐	☐	
6.	Wurde geprüft, welche Wirtschaftsgüter und/oder Maschinen bei Hochwassersituationen verlagert werden können?	☐	☐	
7.	Wurde Personal für technische Aufgaben und für die Verlagerung von Wirtschaftsgütern und/oder Maschinen ausgebildet und eingeteilt?	☐	☐	
8.	Wurde das Führungspersonal für die Bewältigung solcher Situationen ausgebildet und eingeteilt?	☐	☐	
9.	Gibt es einen innerbetrieblichen Krisenstab?	☐	☐	
10.	Wurden die Stabsmitglieder in der Stabsarbeit ausgebildet und finden regelmäßige Übungen statt?	☐	☐	
11.	Findet in der konkreten Situation eine kontinuierliche Stabsarbeit statt?	☐	☐	
12.	Wurden technische und räumliche Voraussetzungen für die Stabsarbeit geschaffen?	☐	☐	
13.	Wurden Kommunikationsmöglichkeiten mit den öffentlichen Krisen- bzw. Katastrophenschutzstäben geklärt und gesichert?	☐	☐	
14.	Wurde eine innerbetriebliche 24/7-Bereitschaft für Führungs- und Technikpersonal eingerichtet?	☐	☐	

Nr.	Prüffragen	geprüft		Maßnahmen bis wann
		Ja	Nein	
15.	Gibt es innerbetriebliche Kommunikations- und Alarmierungspläne?	☐	☐	
16.	Können betriebswichtige Unterlagen ausgelagert werden bzw. sind die in digitaler Form gesichert?	☐	☐	
17.	Können ggf. technische Gegenmaßnahmen ergriffen werden (z. B. stationäre oder mobile Pumpanlagen)?	☐	☐	
18.	Können ggf. technische Hochwasserschutzeinrichtungen in Betrieb genommen werden (z. B. Sperrwände)?	☐	☐	
19.	Wurde sich auf die ggf. erforderliche Abschaltung von Strom, Gas- und Wasserzufuhr eingestellt?	☐	☐	
20.	Gibt es bei Abschaltung vorgenannter Systeme Redundanzen (z. B. Notstromanlagen, mobile Heizsysteme, Notbrunnen)?	☐	☐	
21.	Wurden Öltanks bzw. auch weitere Betriebsbereiche, welche bei Überflutung Umweltschäden verursachen können, gelistet und besonders geschützt?	☐	☐	
22.	Wurde die Versorgung von Beschäftigten, welche in solchen Situationen im Unternehmen verbleiben müssen, gesichert?	☐	☐	
23.	Wurden die vorgenannten Punkte schriftlich fixiert und werden die Abwehrmaßnahmen regelmäßig kommuniziert und geübt?	☐	☐	

Datum, Unterschrift des Prüfers ______________________________

Checkliste

Vorbereitung auf Pandemien und Massen-erkrankungen

Firma/Einrichtung und Stempel

Firma/Einrichtung: ______________________________

Name des Prüfers: ______________________________

Ort/Datum: ______________________, den ____________

Nr.	Prüffragen	geprüft		Maßnahmen bis wann
		Ja	Nein	
1.	Gibt es gesetzliche Vorgaben, welche Sie dazu verpflichten, einen unterbrechungsfreien Betriebsablauf zu gewährleisten?	☐	☐	
2.	Wurde grundsätzlich geklärt, welche Auswirkungen Pandemien bzw. Massenerkrankungen auf die betrieblichen Abläufe haben könnten?	☐	☐	
3.	Wurde geklärt, welche personelle Mindestbesetzung erforderlich ist, um die Kernfunktionen im Unternehmen aufrechtzuerhalten?	☐	☐	
4.	Gibt es Vorbereitungen für einen unvorhergesehenen Personalausfall durch Pandemien bzw. Massenerkrankungen?	☐	☐	
5.	Gibt es Planungen, wie Personalausfälle organisatorisch lösbar sind?	☐	☐	
6.	Gib es betriebsinterne Kommunikationsstrukturen, um bei Sondersituationen Personalplanungen abstimmen zu können bzw. auch Informationen weitergeben zu können?	☐	☐	
7.	Bestehen Möglichkeiten, Personal mit Lebensmitteln für den Fall zu versorgen, dass dieses den Arbeitsplatz nicht verlassen kann?	☐	☐	
8.	Gibt es Unterbringungsmöglichkeiten für Personal, welches den Arbeitsplatz nicht verlassen kann?	☐	☐	
9.	Gibt es für den Fall von Pandemien bzw. Massenerkrankungen vorbereitete Planungen für die Arbeitsabläufe?	☐	☐	
10.	Gibt es vorbereitete Sicherheitskonzepte bzw. Hygienekonzepte?	☐	☐	
11.	Gibt es aktuelle Kommunikationspläne mit Geschäftskunden, Lieferanten, Nutzern der Einrichtung?	☐	☐	
12.	Sind die für den betrieblichen Produktionsprozess erforderlichen Rohstoffe zumindest für eine kurze Übergangszeit verfügbar?	☐	☐	
13.	Bestehen Möglichkeiten, Waren und Dienstleistungen auch unter dem Einfluss von Pandemien bzw. Massenerkrankungen auszuliefern bzw. anzubieten?	☐	☐	

Nr.	Prüffragen	geprüft		Maßnahmen bis wann
		Ja	Nein	
14.	Wurde geprüft, welche Hygiene- und medizinischen Produkte für die Eigenhilfe beschafft werden müssen?	☐	☐	
15.	Wurden Schutzkleidung, Einwegmasken, medizinische Einweghandschuhe beschafft?	☐	☐	
16.	Wurden Reinigungs- und Desinfektionsmittel beschafft?	☐	☐	
17.	Wurde geklärt, ob verschreibungspflichtige Medikamente (z. B. gegen Fieber und Schmerzen) beschafft werden sollen?	☐	☐	
18.	Wird anhand der geplanten Maßnahmen regelmäßig im Unternehmen die Situation „Pandemielage bzw. Massenerkrankung“ geübt?	☐	☐	
19.	Wurde geprüft, welche Auswirkungen Pandemielagen bzw. Massenerkrankungen auf die Einsatzfähigkeit der Hilfsorganisationen (Feuerwehr, Polizei, Rettungsdienst) haben könnten?	☐	☐	
20.	Steht eigenes technisches Personal zur Sicherung der Funktionsfähigkeit des Unternehmens zur Verfügung?	☐	☐	
21.	Ist für den Fall einer länger andauernden Krisensituation der Einsatz eines internen Krisenstabs vorgeplant?	☐	☐	
22.	Sind der Aufbau und die Arbeitsstruktur im Krisenstab definiert (Stabsdienstordnung)?	☐	☐	
23.	Sind Weisungsbefugnisse (z. B. Einberufung von dienstfreiem Personal) klar geregelt?	☐	☐	
24.	Gibt es einen Alarmplan zur Einberufung des Krisenstabs?	☐	☐	
25.	Wird dieser Alarmplan ständig aktuell gehalten?	☐	☐	
26.	Gibt es Räumlichkeiten, in denen ein Krisenstab tagen kann?	☐	☐	
27.	Befinden sich in diesem Raum alle erforderlichen Mittel zur Visualisierung und Kommunikation?	☐	☐	
28.	Sind alle erforderlichen Unterlagen (z. B. Produktionspläne, Anwesenheitslisten der Beschäftigten, Feuerwehrpläne) ständig aktuell und verfügbar?	☐	☐	
29.	Gibt es eine Liste mit Kontaktdaten der für den Dienstbetrieb erforderlichen Versorger (z. B. Kraftstoff für Notstromanlagen)?	☐	☐	
30.	Gibt es eigene Fahrzeuge, die für Versorgungsfahrten, aber auch Personentransporte eingesetzt werden können?	☐	☐	

Datum, Unterschrift des Prüfers: ______________________________

Checkliste

Planung einer Evakuierungsübung

Firma/Einrichtung und Stempel

Firma/Einrichtung: ______________________

Name des Prüfers: ______________________

Ort/Datum: ______________________ , den ____________

Nr.	Prüffragen	geprüft		Maßnahmen bis wann
		Ja	Nein	
Genehmigung und Planung der Übung				
1.	Wurde die anstehende Evakuierungsübung mit der Geschäftsleitung abgestimmt?	☐	☐	
2.	Ist der Betriebsrat über die Evakuierung informiert?	☐	☐	
3.	Wurden Tag und Uhrzeit passend ausgesucht?	☐	☐	
4.	Ist klar geregelt, wer den Alarm auslöst?	☐	☐	
5.	Wurde zuvor einvernehmlich geregelt, ob die Belegschaft über die Evakuierung informiert wird oder nicht?	☐	☐	
6.	Wurde mit der Geschäftsleitung besprochen, ob und wenn ja welche leitenden Personen informiert werden?	☐	☐	
7.	Arbeiten Brandschutzbeauftragte und Sicherheitsbeauftragte gemeinsam an der Durchführung der Evakuierungsübung?	☐	☐	
8.	Wurde der Übungsumfang (Szenario) festgelegt und vorbereitet?	☐	☐	
9.	Sind Verständigungslisten mit den wichtigen Telefonnummern (Vorgesetzte, Fluchthelfer) vorhanden?	☐	☐	
10.	Gibt es offizielle Regelungen, wie mit betriebsfremden oder unterschiedlich eingeschränkten Personen bei Gebäuderäumungen umgegangen wird?	☐	☐	
11.	Wird erfasst, wo und wie viele gehbeeinträchtigte, taube, blinde etc. Personen anwesend sind?	☐	☐	
12.	Ist bekannt, ob es Personen gibt, die aufgrund einer psychischen Erkrankung auf Alarmsirenen mit Panikattacken reagieren?	☐	☐	
13.	Ist mit Personen, die keine Treppen gehen können, außerhalb einer Evakuierungsübung der vertikale Transport geübt worden?	☐	☐	
14.	Wurde geprüft, ob die Räumungspläne/Sammelplätze mit den betriebsspezifischen Gegebenheiten des Unternehmens kompatibel sind?	☐	☐	

FORUM

Nr.	Prüffragen	geprüft		Maßnahmen bis wann
		Ja	Nein	
15.	Sind die Alarmierungsanlagen funktionsfähig?	☐	☐	
Selbsthilfekräfte, Statisten, Übungsbeobachter				
16.	Sind die Selbsthilfekräfte, die bei der Übung aktiv mitwirken, zusammengestellt und deren Aufgaben festgelegt? Hinweis: Lotsen, Evakuierungshelfer, Ersthelfer, Beobachter.	☐	☐	
17.	Sind genügend Lotsen, Evakuierungshelfer und Übungsbeobachter eingeteilt?	☐	☐	
18.	Sind die Positionen und Aufgabenziele der Übungsbeobachter festgelegt?	☐	☐	
19.	Sind die Übungsbeobachter anhand ihrer Kleidungskennzeichnung leicht erkennbar?	☐	☐	
20.	Ist die Kommunikation der Beobachter und Evakuierungshelfer untereinander während der Übung festgelegt und gewährleistet (Kommunikationsverbindung)?	☐	☐	
21.	Wurden den Evakuierungshelfern, Beobachtern und den Personen, die Behinderten helfen, ihre Aufgaben zugeteilt und abgegrenzt?	☐	☐	
22.	Ist die drahtlose Kommunikation innerhalb des Gebäudes möglich?	☐	☐	
Mitarbeiterinformation				
23.	Gibt es klare Anweisungen für die Hausverwaltung/Pforte/Wachdienst, was im Fall einer Gebäudeevakuierung zu tun ist?	☐	☐	
24.	Ist allen Mitarbeitern das Evakuierungssignal bekannt?	☐	☐	
25.	Sind Lage und Ort der Sammelplätze hinreichend bekannt und ausreichend und einheitlich gekennzeichnet?	☐	☐	
26.	Wurden alle Mitarbeiter in das Verhalten bei Gebäudeevakuierungen unterwiesen?	☐	☐	
27.	Weiß jeder, wie er seinen Arbeitsplatz zu verlassen hat, welche Handlungen ggf. noch zu tun sind und was mitgenommen werden kann/soll und was nicht?	☐	☐	
Ablauf der Übung/Flucht- und Rettungswege/Evakuierungen				
28.	Ist festgelegt, in welchem Raum der (Übungs-) Schadensfall eintritt?	☐	☐	
29.	Sind Flucht- und Rettungspläne sowie eindeutige Fluchtwegekennzeichnungen für alle Bereiche vorhanden und aktuell?	☐	☐	
30.	Sind alle Flure, Rettungswege und Fluchttüren nutzbar (nicht verstellt, unverriegelt etc.)? Hinweis: Das muss lediglich bei Anwesenheit von Personen ständig gewährleistet sein.	☐	☐	
31.	Sind die Fahrstühle ins Erdgeschoss gefahren, offen, leer und abgeschaltet?	☐	☐	
32.	Werden die Evakuierungszeiten für gehende und liegende Verletzte erfasst?	☐	☐	
33.	Stehen genügend Transportkapazitäten für	☐	☐	

Nr.	Prüffragen	geprüft		Maßnahmen bis wann
		Ja	Nein	
	eine mögliche externe Verlegung von Verletzten bereit?			
34.	Sind die Sammelplätze festgelegt?	☐	☐	
35.	Sind Sammelräume für gerettete Personen vorgesehen und gekennzeichnet?	☐	☐	
36.	Ist die Kennzeichnung geräumter Zimmer/ Bereiche geregelt?	☐	☐	
Ende der Übung				
37.	Wie wird das Ende der Übung allen im Betrieb befindlichen oder an der Übung beteiligten Personen mitgeteilt?	☐	☐	
Dokumentation/Öffentlichkeitsarbeit				
38.	Wird eine schriftliche Dokumentation der Übung erstellt?	☐	☐	
39.	Ist organisiert, dass Erkenntnisse oder Verbesserungsvorschläge der Belegschaft abgefragt werden?	☐	☐	
40.	Wurde ggf. die örtliche Presse vorab über die Notfallübung informiert und ein Ansprechpartner im Betrieb benannt?	☐	☐	
41.	Ist ggf. eine Pressekonferenz oder ein Pressegespräch unmittelbar nach der Übung geplant und vorbereitet?	☐	☐	

Datum, Unterschrift des Prüfers: ______________________________

Checkliste
Evakuierungsübung

Firma/Einrichtung und Stempel

Firma/Einrichtung: ______________________

Name des Prüfers: ______________________

Ort/Datum: ______________________ , den ____________

Nr.	Prüffragen	geprüft		Maßnahmen bis wann
		Ja	Nein	
Alarmierung				
1.	Ist die Alarmierung/Durchsage im gesamten Gebäude, z. B. auch in Toiletten oder Teeküchen, von allen anwesenden Personen wahrzunehmen?	☐	☐	
2.	Haben alle anwesenden Personen auf die Alarmierung/Durchsage reagiert und die Sammelstelle unverzüglich aufgesucht?	☐	☐	
Gebäude verlassen				
3.	Wurden die Arbeitsmittel/wurde der Arbeitsplatz sicher hinterlassen?	☐	☐	
4.	Wurden auf Hilfe angewiesene Personen (z. B. Menschen mit Behinderung, Kinder) bei der Evakuierung unterstützt?	☐	☐	
5.	Wurden dritte Personen (z. B. Fremdfirmen, Besucher) hinausbegleitet?	☐	☐	
6.	Waren die Fluchtwege frei?	☐	☐	
7.	Wurde das Benutzungsverbot von Aufzügen beachtet?	☐	☐	
8.	Wurden die ausgewiesenen Fluchtwege benutzt?	☐	☐	
9.	Entstanden in den Treppenräumen Stauungen, Drängeleien, Behinderungen?	☐	☐	
Organisation der Sammelstelle				
10.	Wurde die Sammelstelle von allen anwesenden Personen gut gefunden?	☐	☐	
11.	Wurde die Vollzähligkeit an der Sammelstelle geprüft?	☐	☐	
12.	Wurde ein Erste-Hilfe-Kasten zur Sammelstelle mitgeführt?	☐	☐	
13.	Wurde die Vollzähligkeit bzw. die Anzahl der fehlenden Personen der Feuerwehr gemeldet?	☐	☐	
14.	Wurde vor Beendigung der Übung sichergestellt, dass Personen das Gebäude nicht betreten?	☐	☐	
15.	Wurde das Übungsende bekannt gegeben?	☐	☐	

Nr.	Prüffragen	geprüft		Maßnahmen bis wann
		Ja	Nein	
Weitere Anmerkungen/Beobachtungen				
16.		☐	☐	

Datum, Unterschrift des Prüfers: ______________________________

BESTELLUNGEN UND BEAUFTRAGUNGEN

Bestellung
zur/zum Brandschutzbeauftragten

Firma/Einrichtung und Stempel

Beauftragte Person:		**Auftraggeber:**	
Name:	________________	Name:	________________
Straße:	________________	Straße:	________________
PLZ/Ort:	________________	PLZ/Ort:	________________

Bestellung zur/zum Brandschutzbeauftragten

Sehr geehrte Frau/Sehr geehrter Herr ______________________________
(Name, Vorname)

in Ergänzung zu Ihrem Arbeitsvertrag vom ________________ bestellen wir Sie hiermit
(Datum)

für ______________________________
(Verantwortungsbereich/Zuständigkeitsbereich)

mit Wirkung zum ________________ zur/zum Brandschutzbeauftragten.
(Datum)

Die Gesamtverantwortung des Arbeitgebers bleibt unberührt.

Sie sind in der Funktion der/des Brandschutzbeauftragten unmittelbar dem Arbeitgeber unterstellt. Sie werden zu allen den Brandschutz betreffenden Fragestellungen des Unternehmens – schon bei der Planung – rechtzeitig eingebunden. Sie beraten und unterstützen den Arbeitgeber in allen Fragen des Brandschutzes. In Angelegenheiten des vorbeugenden und abwehrenden Brandschutzes haben Sie den Arbeitgeber über die im Rahmen Ihrer Tätigkeit von Ihnen vorgenommenen Prüfungen zu berichten und die festgestellten Mängel umgehend zu melden.

Die für Ihre Tätigkeit als Brandschutzbeauftragte/-r erforderlichen Fachkenntnisse gemäß der einheitlichen Richtlinie „Aufgaben, Qualifikation, Ausbildung und Bestellung von Brandschutzbeauftragten" (DGUV Information 205-003) haben Sie nachgewiesen. Sie wurden in die betrieblichen Gegebenheiten eingewiesen.

Ihnen werden für die Erfüllung Ihrer Aufgaben die erforderliche Arbeitszeit, die benötigten Informationen, Arbeitsmittel und Fortbildungen unter Berücksichtigung der betrieblichen Belange, zur Verfügung gestellt.

Sie sind bei der Anwendung Ihrer brandschutztechnischen Fachkunde weisungsfrei. Sie dürfen wegen der Erfüllung der Ihnen übertragenen Aufgaben nicht benachteiligt werden. Die mit Ihrer Bestellung verbundenen Aufgaben sind rückseitig aufgeführt. Jede Änderung dieser Tätigkeiten ist schriftlich zu fixieren und von den Unterzeichnern zu bestätigen.

________________________, den ________________________
(Ort) (Datum)

________________________ ________________________
(Unterschrift Geschäftsleitung) (Unterschrift Brandschutzbeauftragte/-r)

FORUM

Aufgaben und Pflichten der/des Brandschutzbeauftragten

Die Aufgaben und Pflichten ergeben sich u. a. aus folgenden Gesetzen, Vorschriften und Richtlinien:

- §§ 10, 13 (5) Arbeitsschutzgesetz (ArbSchG) und § 22 DGUV Vorschrift 1 „Grundsätze der Prävention"
- Ziffer 7.4 ASR A2.2
- vfdb-Richtlinie 12-09-01 / VdS 3111 „Aufgaben, Qualifikation, Ausbildung und Bestellung von Brandschutzbeauftragten"
- DGUV Information 205-003 „Aufgaben, Qualifikation, Ausbildung und Bestellung von Brandschutzbeauftragten"

Im Rahmen dieser Tätigkeit obliegen Ihnen die folgenden Aufgaben (bitte ankreuzen und/oder streichen):

☐	Erstellen/Fortschreiben der Brandschutzordnung (Teile A, B, C)
☐	Mitwirken bei Beurteilungen der Brandgefährdung an Arbeitsplätzen
☐	Beraten bei feuergefährlichen Arbeitsverfahren und beim Einsatz brennbarer Arbeitsstoffe
☐	Mitwirken bei der Ermittlung von Brand- und Explosionsgefahren
☐	Mitwirken bei der Ausarbeitung von Betriebsanweisungen, soweit sie den Brandschutz betreffen
☐	Mitwirken bei baulichen, technischen und organisatorischen Maßnahmen, soweit sie den Brandschutz betreffen
☐	Mitwirken bei der Umsetzung behördlicher Anordnungen und bei Anforderungen des Feuerversicherers, soweit sie den Brandschutz betreffen
☐	Mitwirken bei der Einhaltung von Brandschutzbestimmungen bei Neu-, Um- und Erweiterungsbauten, Nutzungsänderungen, Anmietungen und Beschaffungen
☐	Beraten bei der Ausstattung der Arbeitsstätten mit Feuerlöscheinrichtungen und Auswahl der Löschmittel
☐	Mitwirken bei der Umsetzung des Brandschutzkonzeptes
☐	Kontrollieren, dass Flucht- und Rettungspläne, Feuerwehrpläne, Alarmpläne usw. aktuell sind, ggf. Aktualisierung veranlassen und dabei mitwirken
☐	Planen, Organisieren und Durchführen von Evakuierungsübungen
☐	Teilnehmen an behördlichen Brandschauen und Durchführen von internen Brandschutzbegehungen
☐	Melden von Mängeln und Maßnahmen zu deren Beseitigung vorschlagen und die Mängelbeseitigung überwachen
☐	Unterstützen der Führungskräfte bei den regelmäßigen Unterweisungen der Beschäftigten im Brandschutz
☐	Aus- und Fortbilden von Beschäftigten mit besonderen Aufgaben in einem Brandfall, z. B. in der Handhabung von Feuerlöscheinrichtungen (Brandschutzhelfer gemäß ASR A2.2)
☐	Prüfen der Lagerung und/oder der Einrichtungen zur Lagerung von brennbaren Flüssigkeiten, Gasen usw.
☐	Kontrollieren der Sicherheitskennzeichnungen für Brandschutzeinrichtungen und für die Flucht- und Rettungswege
☐	Überwachen der Benutzbarkeit von Flucht- und Rettungswegen
☐	Organisation und Sicherstellung der Prüfung und Wartung von brandschutztechnischen Einrichtungen
☐	Kontrollieren, dass festgelegte Brandschutzmaßnahmen, z. B. bei feuergefährlichen Arbeiten, eingehalten werden
☐	Mitwirken bei der Festlegung von Ersatzmaßnahmen bei Ausfall und Außerbetriebsetzung von brandschutztechnischen Einrichtungen
☐	Unterstützen des Arbeitgebers bei der Kommunikation mit den Brandschutzbehörden und Feuerwehren, den Feuerversicherern, den Unfallversicherungsträgern, den staatlichen Arbeitsschutzbehörden usw.
☐	Stellungnahme zu Investitionsentscheidungen, die Belange des Brandschutzes am Standort betreffen
☐	Mitwirken bei der Implementierung von präventiven und reaktiven (Schutz-)Maßnahmen im Notfallmanagement
☐	Dokumentieren der Tätigkeiten im Brandschutz, z. B. Begehungsprotokolle, Prüfberichte, Mängelmeldungen und Jahresbericht

FORUM

Brandschutzhelfer
Anzahl, Auswahl, Beauftragung, Ausbildung

Firma/Einrichtung und Stempel

Firma/Einrichtung: ____________________

Name des Prüfers: ____________________

Ort/Datum: ____________________, den ____________

Nr.	Prüffragen	geprüft		Maßnahmen bis wann
		Ja	Nein	
Anzahl, Auswahl und Beauftragung von Brandschutzhelfern				
1.	Wurde die erforderliche Anzahl an Brandschutzhelfern im Rahmen einer Gefährdungsermittlung ermittelt?	☐	☐	
2.	Wurde bei der Auswahl der Brandschutzhelfer darauf geachtet, Beschäftigte, die in Hilfsorganisationen (z. B. einer Feuerwehr) tätig sind, bevorzugt auszuwählen?	☐	☐	
3.	Wurden bei der Auswahl der Brandschutzhelfer darauf geachtet, dass es nicht zu Doppelfunktionen kommt (Funktion als Ersthelfern und/oder Evakuierungshelfer gleichzeitig)?	☐	☐	
4.	Wurden die Mitarbeiter gleichmäßig aus den verschiedenen Abteilungen ausgewählt?	☐	☐	
5.	Sind mindestens 5 % der Beschäftigten (bei normaler Brandgefährdung) zu Brandschutzhelfern ausgebildet?	☐	☐	
6.	Wird berücksichtigt, dass bei erhöhter Brandgefährdung auch ggf. mehr Brandschutzhelfer erforderlich sein können?	☐	☐	
7.	Wird beachtet, dass Hinweise für eine erhöhte Brandgefährdung u. a. vorliegen, wenn: - die örtlichen und betrieblichen Verhältnisse für eine Brandentstehung günstig sind, - in der Anfangsphase mit einer schnellen Brandausbreitung und großer Rauchfreisetzung zu rechnen ist (Lithium-Ionen-Batterien), - Heißarbeiten durchgeführt werden?	☐	☐	
8.	Wird berücksichtigt, dass eine erhöhte Anzahl von Brandschutzhelfern auch erforderlich sein kann, - bei der Anwesenheit von vielen Personen im Gebäude, - wenn Personen mit eingeschränkter Mobilität anwesend sind,	☐	☐	

Nr.	Prüffragen	geprüft		Maßnahmen bis wann
		Ja	Nein	
	- wenn eine große räumliche Ausdehnung der Betriebsstätte gegeben ist?			
9.	Wurden bei der Auswahl der Brandschutzhelfer auch deren Abwesenheiten durch Schichtbetrieb, Fortbildung, Urlaub, Krankheit oder Personalwechsel einkalkuliert?	☐	☐	
10.	Werden auch für temporäre Einrichtungen (z. B. Baustellen) Brandschutzhelfer benannt?	☐	☐	
11.	Wurden die Brandschutzhelfer offiziell benannt und schriftlich beauftragt?	☐	☐	
Ausbildung der Brandschutzhelfer				
12.	Wurden die Brandschutzhelfer entsprechend ihrer Aufgabe ausreichend theoretisch und praktisch in folgenden Themenfeldern unterwiesen?			
	• Grundzüge des Brandschutzes (Brandlehre, Brandursachen, betriebsspezifische Brandgefahren etc.)	☐	☐	
	• Betriebliche Brandschutzorganisation (Brandschutzordnung, Alarmierungswege-/mittel, betriebsspezifische Brandschutzeinrichtungen, Sicherheitskennzeichnung, Fluchtweg etc.)	☐	☐	
	• Funktion und Wirkungsweise von Feuerlöscheinrichtungen (Brandklassen, Wirkungsweise und Eignung von Löschmitteln, Feuerlöscheinrichtungen etc.)	☐	☐	
	• Gefahren durch Brände (Rauch/Atemgifte, thermische, mechanische und besondere betriebliche Gefährdungen)	☐	☐	
	• Verhalten im Brandfall (Alarmierung, Bedienung von Feuerlöscheinrichtungen, Sicherstellung der Flucht, Brandschutzordnung, Löschen von brennenden Personen etc.)	☐	☐	
	• Praxisunterweisung: Feuerlöschübung inkl. Informationen zu Handhabung, Taktik etc.	☐	☐	
13.	Werden die Brandschutzhelfer regelmäßig entsprechend den Vorgaben der Gefährdungsbeurteilung unterwiesen (eine angemessene wiederkehrende Auffrischung ist, bei normaler Brandgefährdung, im Abstand von 2–5 Jahren durchzuführen)?	☐	☐	

Nr.	Prüffragen	geprüft		Maßnahmen bis wann
		Ja	Nein	
14.	Wurde für die Festlegung der Nachschulungsfristen bei erhöhter Brandgefährdung eine Gefährdungsbeurteilung durchgeführt?	☐	☐	
15.	Werden die Brandschutzhelfer auch bei besonderen Ereignissen unterwiesen (z. B. Umbauten)?	☐	☐	
16.	Werden die Brandschutzhelfer regelmäßig über geänderte Maßnahmen (z. B. neue Feuerlöscher, neue Flucht- und Rettungspläne) informiert?	☐	☐	
Weitere organisatorische Elemente				
17.	Gibt es regelmäßige Besprechungen der Brandschutzhelfer mit dem Brandschutzbeauftragten?	☐	☐	
18.	Werden die Listen der Brandschutzhelfer ständig aktuell gehalten und ggf. neue Brandschutzhelfer unterwiesen (z. B. bei Betriebswechsel eines Mitarbeiters)?	☐	☐	
19.	Werden die Brandschutzhelfer in die Evakuierungsübungen miteinbezogen?	☐	☐	

Datum, Unterschrift des Prüfers ________________________________

FORUM

Bestellung
Brandschutzhelfer/-in

Firma/Einrichtung und Stempel

Bestellte Person:

Name: ______________________

Straße: ______________________

PLZ/Ort: ______________________

Auftraggeber:

Name: ______________________

Straße: ______________________

PLZ/Ort: ______________________

Bestellung zur Brandschutzhelferin / zum Brandschutzhelfer

Sehr geehrte Frau/Sehr geehrter Herr ______________________
(Name, Vorname)

in Ergänzung zu Ihrem Arbeitsvertrag vom ______________________ (Datum) werden die Unternehmerpflichten hinsichtlich des Brandschutzes auf Sie in Ihrer Aufgabe als Brandschutzhelfer/-in mit Wirkung zum ______________________ (Datum) übertragen. Die Gesamtverantwortung des Arbeitgebers bleibt unberührt.

Als Brandschutzhelfer/-in übernehmen Sie Aufgaben im Rahmen der Brandbekämpfung und der Gebäudeevakuierung, wie sie auf der Rückseite beschrieben stehen. Mit Ihrer Tätigkeit als Brandschutzhelfer/-in ist keine Verantwortung für die Folgen von Brandunfällen verbunden.

Als Brandschutzhelfer/-in werden Ihnen für die Erfüllung der Aufgaben die erforderliche Ausbildung, Unterweisung und Fortbildung, unter Berücksichtigung der betrieblichen Belange, ermöglicht.

Die Übertragung gilt unbefristet. Eine Abberufung durch den Arbeitgeber ist möglich.

______________________, den ______________________
(Ort) (Datum)

______________________ ______________________
(Unterschrift Geschäftsleitung) (Unterschrift Brandschutzhelfer/-in)

Aufgaben und Pflichten von Brandschutzhelfern

Die Aufgaben und Pflichten einer Brandschutzhelferin/eines Brandschutzhelfers ergeben sich u. a. aus folgenden Gesetzen, Vorschriften und Richtlinien:

- ArbSchG, § 10 Abs. 2 „Erste Hilfe und sonstige Notfallmaßnahmen“
- DGUV Vorschrift 1, § 22 „Notfallmaßnahmen“
- DGUV Information 205-001 Nr. 2.6 „Betrieblicher Brandschutz in der Praxis“
- DGUV Information 205-023 „Brandschutzhelfer – Ausbildung und Befähigung“
- ASR A2.2, Nr. 7.3 „Brandschutzhelfer“

Unterweisung und Ausbildung

i.d.R. 5 % der Beschäftigten bei **normaler Brandgefährdung** nach ASR A2.2

Ausbildung (Fachkundige Unterweisung) einer ausreichenden Anzahl von Beschäftigten durch Unterweisung und Übung im Umgang mit Feuerlöscheinrichtungen (vgl. § 6 ArbStättV, § 22 DGUV Vorschrift 1) zur Bekämpfung von Entstehungsbränden (Brandschutzhelfer i.S. d. ASR A2.2 Abschnitt 7.3				
Unterweisungsdauer ca. 1,5 bis 2 Stunden				
Grundzüge des vorbeugenden Brandschutzes (z. B. allgemeine Brandschutzmaßnahmen)	**Betriebliche Brandschutzorganisation** (z. B. Verantwortung, Zuständigkeiten, Alarmpläne)	**Verhalten im Brandfall** (z. B. Brandschutzordnung Teil C)	**Gefahren durch Brände** (z. B. Entstehungsbrand, Ausbreitung von Feuer und Rauch)	**Funktions- und Wirkungsweise von Feuerlöscheinrichtungen** (z. B. Bedienung, Einsatzgrenzen und Löschtaktik)
+ Praktische Löschübung mit Feuerlöscheinrichtungen				
Ziel: Sicherer Umgang mit und der Einsatz von Feuerlöscheinrichtungen zur Bekämpfung von Entstehungsbränden ohne Eigengefährdung und zur Sicherstellung des selbstständigen Verlassens (Flucht) der Beschäftigten				
Kenntnisse der betrieblichen Brandschutzmaßnahmen und der betrieblichen Brandschutzorganisation		Kenntnisse der Brandbekämpfung, der Funktion und Bedienung von Feuerlöscheinrichtungen		

größere Anzahl von Brandschutzhelfern

z. B. bei erhöhter Brandgefährdung, Anwesenheit vieler Personen, Personen mit eingeschränkter Mobilität sowie großer räumlicher Ausdehnung der Arbeitsstätte (vgl. ASR A2.2 Abschnitte 6.1 und 7.3(2))

Ergänzende Ausbildung für Brandschutzhelfer in einem angemessenen Verhältnis zu den bestehenden besonderen Gefahren (vgl. § 10 (2) ArbSchG) nach Gefährdungsbeurteilung				
Ausbildungsdauer nach Bedarf				
Grundzüge des vorbeugenden Brandschutzes (z. B. betriebsspezifische und besondere Brandschutzmaßnahmen)	**Weitergehende betriebliche Brandschutzorganisation** (z. B. Selbsthilfekräfte, Betriebs- oder Werkfeuerwehr)	**Besonderes Verhalten im Brandfall** (z. B. in Bereichen mit Löschanlagen)	**Besondere Gefahren durch Brände** (z. B. elektrische Anlagen, Gefahrstoffe)	**Funktions- und Wirkungsweise vorhandener Feuerlöscheinrichtungen** (z. B. Brandklassen, Löschmittel, Bedienung, Einsatzgrenzen und Löschtaktik)
+ Praktische Löschübung mit unterschiedlichen Feuerlöscheinrichtungen und Wandhydranten				
Kenntnisse der besonderen Brandschutzgefahren, der individuellen Brandschutzmaßnahmen (ggf. Brandschutzkonzept) und der betrieblichen Brandschutzorganisation		Kenntnisse der besonderen Gefahren bei der Brandbekämpfung und der Funktion und Bedienung der vorhandenen Löscheinrichtungen		

Im Rahmen dieser Tätigkeit obliegen Ihnen die folgenden Aufgaben (bitte ankreuzen oder streichen):

a) im Rahmen der Brandbekämpfung:

☐	Menschen aus der Gefahr retten
☐	Meldung eines Brandes über die bekannte Notrufnummer absetzen
☐	Löschversuche mit dem Feuerlöscher unternehmen
☐	Dem Einsatzleiter der Feuerwehr ggf. Auskunft erteilen

b) im Evakuierungsfall bei Brand oder anderen Gefahren:

☐	Durch besonnenes Verhalten versuchen, einen disziplinierten Abgang der Belegschaft/Beschäftigten zu erreichen (Panik bei den Mitarbeitern verhindern)
☐	Kontrollieren, ob sich noch Beschäftigte in den Gebäudeteilen befinden (insbesondere in den Sozialräumen, Toiletten, Besprechungszimmern, Aufzügen, Neben-/Sonderräumen und Parketagen)
☐	Der Einsatzleitung melden, dass der entsprechende Gebäudeteil evakuiert ist; ggf. für weitere Dienste der Einsatzleitung zur Verfügung stehen
☐	Am Ende des Einsatzes sich zur zugewiesenen Gruppe auf den Sammelplatz begeben
☐	Vollständigkeitskontrolle durchführen

c) in Bezug auf Brandschutzmaßnahmen/Unterstützung des Brandschutzbeauftragten:

☐	Einsatzfähigkeit der vorhandenen Löschmittel prüfen
☐	Freihaltung der Flucht-/Rettungswege und Brandmeldeeinrichtungen sowie Passierbarkeit der Notausgänge und Notausstiege (vollständige Kennzeichnungen) prüfen
☐	Veranlassung von Mängelbeseitigung

Bestellung
Evakuierungshelfer/-in

Firma und Stempel

Bestellte Person:

Name: ______________________

Straße: ______________________

PLZ/Ort: ______________________

Auftraggeber:

Name: ______________________

Straße: ______________________

PLZ/Ort: ______________________

Bestellung zur Evakuierungshelferin / zum Evakuierungshelfer

Sehr geehrte Frau/Sehr geehrter Herr ______________________
(Name, Vorname)

in Ergänzung zu Ihrem Arbeitsvertrag vom ______________________ bestellen wir Sie hiermit
(Datum)

für ______________________
(Verantwortungsbereich/Zuständigkeitsbereich)

mit Wirkung zum ______________________ zur/zum Evakuierungshelfer/-in.
(Datum)

Die Gesamtverantwortung des Arbeitgebers bleibt unberührt.

Als Evakuierungshelfer/-in übernehmen Sie organisatorische und koordinierende Aufgaben für eine sichere Evakuierung des Gebäudes, wie sie auf der Rückseite beschrieben stehen. Mit Ihrer Tätigkeit als Evakuierungshelfer/-in ist keine Verantwortung für die Folgen von Brandunfällen verbunden.

Als Evakuierungshelfer/-in werden Ihnen für die Erfüllung der Aufgaben die erforderliche Unterweisung und Schulung unter Berücksichtigung der betrieblichen Belange ermöglicht.

Die Übertragung gilt unbefristet. Eine Abberufung durch den Arbeitgeber ist möglich.

______________________, den ______________________
(Ort) (Datum)

______________________ ______________________
(Unterschrift Geschäftsleitung) (Unterschrift Evakuierungshelfer/-in)

Aufgaben und Pflichten des Evakuierungshelfers/-beauftragten

Evakuierungshelfer/-in übernehmen organisatorische und koordinierende Aufgaben für eine sichere Evakuierung des Gebäudes. Die gesetzlichen Grundlagen bilden dabei

- §§ 9, 10 ArbSchG
- §§ 21, 22 DGUV Vorschrift 1
- DGUV Information 205-023 „Alarmierung und Evakuierung"

Ein/Eine Evakuierungshelfer/-in handeln nach dem Grundsatz:
Alle Aufgaben sind ohne Gefährdung der eigenen Person durchzuführen.
Niemand muss sich bei ihrer/seiner Aufgabe als Evakuierungshelfer/-in selbst in Gefahr bringen!

Im Rahmen dieser Tätigkeit obliegen Ihnen die folgenden Aufgaben (bitte ankreuzen und/oder streichen):

☐	Im Gefahrenfall die schnelle Evakuierung des Zuständigkeitsbereichs veranlassen für ______________________________ (z. B. Abteilung, Etage oder bestimmter Raum).
☐	**Präventive Aufgaben** Mitwirkung bei Evakuierungsübungen (z. B. Beobachten, wie sich die Personen im Gebäude im Evakuierungsfall in den Fluren und Treppenräumen, an Fahrstühlen, am Ausgang des Gebäudes sowie am Sammelplatz verhalten und dies an die leitenden Personen weitergeben).
☐	**Während der Evakuierung** • Ruhe bewahren und versuchen Panik zu vermeiden. • Mobilitätseingeschränkte und hilfsbedürftige Personen beim Verlassen unterstützen oder die sichere Rettung durch Feuerwehr und Rettungsdienst veranlassen. • Unverzüglich Feuerwehr und Rettungsdienst über den Aufenthaltsort von noch zu rettenden Personen informieren. • Feuerwehr und Rettungsdienst für die Einweisung und Rückfragen zur Verfügung stehen. • Für die sichere Evakuierung sorgen. • Klare Anweisungen geben und Personen gezielt zu Sammelstellen lotsen (z. B. auf Fluchtwege hinweisen, diese ggf. öffnen). • Sofern möglich, Kontrolle, ob der Zuständigkeitsbereich evakuiert ist (Eigenschutz beachten) und Wiederzutritt verhindern, bis die Freigabe zum Zutritt wieder erfolgt ist. • Meldung an die verantwortliche Person über die erfolgte Evakuierung und die dabei aufgetretenen Probleme.
☐	**Je nach Anlass der Evakuierung** Benutzung von Fahrstühlen verhindern.

BRANDSCHUTZORDNUNG NACH DIN 14096

Checkliste

Erstellen der Brandschutzordnung nach DIN 14096 Teil A

Firma und Stempel

Firma/Einrichtung: ______________________

Name des Prüfers: ______________________

Ort/Datum: ______________________ , den ____________

Nr.	Prüffragen	geprüft		Maßnahmen bis wann
		Ja	Nein	
1.	Wurde geprüft, ob Teil A Ihrer Brandschutzordnung konform mit den erforderlichen Anforderungen der DIN 14096:2014-05 ist? **(Wenn nein, nachfolgende Punkte prüfen!)**	☐	☐	
Anforderungen der DIN 14096 Teil A				
2.	Wurde die Brandschutzordnung Teil A mindestens im Format DIN A4 erstellt?	☐	☐	
3.	Verfügt der Aushang über einen 10 mm starken roten Rand? (Bei größerem Format als DIN A4 muss der Rand entsprechend proportional angepasst werden.)	☐	☐	
4.	Wurde für die Überschrift (Format DIN A4) die „Schrift DIN 1451–1 C 10“ verwendet?	☐	☐	
5.	Wurde für Schlagworte (Format DIN A4) die „Schrift DIN 1451–1 C 8“ verwendet?	☐	☐	
6.	Wurde für den Text (Format DIN A4) die „Schrift DIN 1451–1 C 4“ verwendet?	☐	☐	
7.	Ist beim Verwenden anderer Schriftarten und Schriftbilder (grundsätzlich zulässig) darauf geachtet worden, dass diese in entsprechender Größe und leserlich sind?	☐	☐	
8.	Wurde berücksichtigt, dass nach DIN 14096:2014-05 auch Teil A der Brandschutzordnung mindestens alle zwei Jahre durch eine fachkundige Person zu prüfen ist?	☐	☐	
9.	Enthält die Brandschutzordnung Teil A die Überschrift „Brände verhüten“?	☐	☐	
10.	Sind in der Brandschutzordnung die Schlagworte „Ruhe bewahren“, „Brand melden“, „In Sicherheit bringen“ und „Löschversuch unternehmen“ berücksichtigt worden?	☐	☐	
11.	Sind alle Schlagworte auf der linken Seite des Aushangs angeordnet?	☐	☐	
12.	Sind alle Überschriften und Sicherheitskennzeichen im mittleren Bereich des Aushangs angeordnet?	☐	☐	
13.	Sind alle Erläuterungen zu den Schlagworten und Sicherheitskennzeichen auf der rechten Seite des Aushangs angeordnet?	☐	☐	

Nr.	Prüffragen	geprüft		Maßnahmen bis wann
		Ja	Nein	
14.	Sind die Sicherheitskennzeichen nach ISO 7010 bzw. ASR A1.3 in der Brandschutzordnung Teil A verwendet worden?	☐	☐	
15.	Sind die Sicherheitskennzeichen mindestens 10 mm groß?	☐	☐	
16.	Wird berücksichtigt, dass Aushänge mit nicht mehr leserlichen oder unzutreffenden Inhalten zu ersetzen sind?	☐	☐	
17.	Wird berücksichtigt, dass fremdsprachige Texte nicht innerhalb des Teils A untergebracht werden dürfen (nur einsprachige Erstellung erlaubt)?	☐	☐	
18.	Wurden (wenn nach den Betriebsbegebenheiten notwendig) eigene/analoge fremdsprachige Aushänge erstellt?	☐	☐	
19.	Befindet sich unten, oberhalb des roten Randes,			
	• die Angabe „Brandschutzordnung nach DIN 14096“?	☐	☐	
	• das Erstellungsdatum?	☐	☐	
	• der Objektname?	☐	☐	
20.	Ist bei der Angabe die geforderte Schrifthöhe von ca. 2 mm eingehalten?	☐	☐	
21.	Ist der Aushang Brandschutzordnung Teil A für jedermann gut sichtbar an zentraler Stelle angebracht und einwandfrei erkennbar?	☐	☐	
22.	Wurde geprüft, dass ausreichend viele Aushänge angebracht sind?	☐	☐	

Datum, Unterschrift des Prüfers: ______________________________

Checkliste

Erstellen der Brandschutzordnung nach DIN 14096 Teil B

Firma/Einrichtung und Stempel

Firma/Einrichtung: ____________________

Name des Prüfers: ____________________

Ort/Datum: ____________________ , den ____________

Nr.	Prüffragen	geprüft		Maßnahmen bis wann
		Ja	Nein	
Anforderungen der DIN 14096 Teil B				
1.	Enthält die Brandschutzordnung Teil B die Bezeichnung „Brandschutzordnung DIN 14096 – B"?	☐	☐	
2.	Wurde die Brandschutzordnung Teil B als Schriftsatz in Form von Merkblättern bzw. Broschüren oder in elektronischer Form jeder Person im Betrieb zur Verfügung gestellt?	☐	☐	
3.	Wurde die Übergabe und der Empfang der Brandschutzordnung Teil B von jedem Empfänger (Beschäftigten) schriftlich bestätigt?	☐	☐	
4.	Wurde die Brandschutzordnung Teil B in einem der Formate DIN A4, DIN A5 oder DIN A6 erstellt? Hinweis: Schrift und grafische Gestaltung sind hierbei freiwählbar.	☐	☐	
5.	Sind die Inhalte eindeutig und leicht erfassbar?	☐	☐	
6.	Wurde bei der Erstellung der Texte Bezug auf den anzusprechenden Personenkreis genommen?	☐	☐	
7.	Wurde bei der Erstellung der Texte Bezug auf das anzusprechende Arbeitsumfeld des jeweiligen Beschäftigten genommen?	☐	☐	
8.	Wurde die Brandschutzordnung Teil B in größeren Betrieben so untergliedert, dass für den jeweiligen Beschäftigten ein klarer Bezug zu seinem Arbeitsumfeld erkennbar ist?	☐	☐	
9.	Wurden zur Visualisierung von Sachverhalten grafische Symbole verwendet?	☐	☐	
10.	Wurden – sofern nach den betrieblichen Gegebenheiten notwendig – fremdsprachige Übersetzungen beigefügt und heben sich diese deutlich vom deutschen Text ab?	☐	☐	
11.	Wird sichergestellt, dass die Brandschutzordnung Teil B immer auf einem fachgerechten und aktuellen Stand gehalten und mindestens alle zwei Jahre durch eine fachkundige Person geprüft wird?	☐	☐	

Nr.	Prüffragen	geprüft		Maßnahmen bis wann
		Ja	Nein	
12.	Wurden (sofern nach den betrieblichen Gegebenheiten notwendig) fremdsprachige Übersetzungen beigefügt und heben sich diese deutlich vom deutschen Text ab?	☐	☐	
13.	Sind in der Brandschutzordnung Teil B nachfolgende Abschnitte enthalten?			
	a) Einleitung	☐	☐	
	b) Brandschutzordnung (Aushang Teil A)	☐	☐	
	c) Brandverhütung	☐	☐	
	d) Brand- und Rauchausbreitung	☐	☐	
	e) Flucht- und Rettungswege	☐	☐	
	f) Melde- und Löscheinrichtungen	☐	☐	
	g) Verhalten im Brandfall	☐	☐	
	h) Brand melden	☐	☐	
	i) Alarmsignale und Anweisungen beachten	☐	☐	
	j) in Sicherheit bringen	☐	☐	
	k) Löschversuche unternehmen	☐	☐	
	l) besondere Verhaltensregeln	☐	☐	
	m) Anhang	☐	☐	
Abschnitt a) „Einleitung“				
14.	Enthält Abschnitt a) „Einleitung“			
	• allgemeine Erläuterungen zur Brandschutzordnung?	☐	☐	
	• Hinweise auf den Geltungsbereich?	☐	☐	
	• die Inkraftsetzung mit Datum und Unterschrift?	☐	☐	
	• den Personenkreis (Personen ohne besondere Brandschutzaufgaben)?	☐	☐	
Abschnitt b) „Brandschutzordnung“				
15.	Enthält Abschnitt b) „Brandschutzordnung“ die Vorgaben der DIN 14096 Teil A (Aushang) und werden zusätzliche Erläuterungen oder Ausführungen, die im Aushang Teil A nicht aufgeführt werden, in diesem Abschnitt dokumentiert?	☐	☐	
Abschnitt c) „Brandverhütung“				
16.	Enthält Abschnitt c) „Brandverhütung“ Verbote hinsichtlich			
	• des Rauchens im Betrieb?	☐	☐	
	• des Umgangs mit Feuer im Betrieb?	☐	☐	
	• des Umgangs mit offenen Flammen?	☐	☐	
	• des Umgangs mit offenen Zündquellen im Betrieb?	☐	☐	

Nr.	Prüffragen	geprüft		Maßnahmen bis wann
		Ja	Nein	
17.	Enthält Abschnitt c) „Brandverhütung“ Sicherheitshinweise bzw. Regelungen betreffend			
	• der Herstellung, Lagerung, Verwendung brennbarer und/oder explosiver Stoffe und den damit verbundenen Explosionsgefahren?	☐	☐	
	• der Durchführung feuergefährlicher Arbeiten im Betrieb?	☐	☐	
	• des Umgangs mit brennbaren Abfällen im Betrieb?	☐	☐	
	• des Umgangs mit elektrischen Geräten im Betrieb?	☐	☐	
	• des Umgangs mit gasbetriebenen Geräten im Betrieb?	☐	☐	
	• anderen, betriebsspezifischen Zündquellen im Betrieb?	☐	☐	
	• der Berücksichtigung anderer Sicherheitsvorschriften im Betrieb?	☐	☐	
18.	Enthält der Abschnitt c) „Brandverhütung“ das Gebot, dass			
	• feuergefährliche Arbeiten nur von hierfür berechtigten Personen ausgeführt werden?	☐	☐	
	• feuergefährliche Arbeiten außerhalb ständig hierfür vorgesehener Arbeitsplätze nur nach schriftlicher Genehmigung der Geschäftsleitung oder der von ihr beauftragten Person durchgeführt werden dürfen?	☐	☐	
19.	Enthält die hierfür vorgesehene schriftliche Genehmigung genaue Angaben über die zu treffenden Schutzmaßnahmen? (Erlaubnisschein für Heißarbeiten)	☐	☐	
Abschnitt d) „Brand- und Rauchausbreitung“				
20.	Enthält der Abschnitt d) „Brand- und Rauchausbreitung“ Sicherheitshinweise zur Vermeidung von Bränden und deren Ausbreitung?	☐	☐	
	Im Detail gibt es Angaben zur Bedienung von			
	• Feuerschutzabschlüssen?	☐	☐	
	• Rauchschutzabschlüssen?	☐	☐	
	• Rauch- und Wärmeabzugsanlagen?	☐	☐	
21.	Gibt es einen Hinweis auf die Vermeidung der Anhäufung brennbarer Stoffe?	☐	☐	
Abschnitt e) „Flucht- und Rettungswege““				
22.	Enthält der Abschnitt e) „Flucht- und Rettungswege“ Hinweise zu			
	• den Flächen für die Feuerwehr?	☐	☐	
	• den Sicherheitsschildern?	☐	☐	
	• den auszuhängenden Flucht- und Rettungsplänen?	☐	☐	
	• dem innerbetrieblichen Verlauf der Rettungswege?	☐	☐	
	• den Feuerlösch- und Meldeanlagen?	☐	☐	

Nr.	Prüffragen	geprüft		Maßnahmen bis wann
		Ja	Nein	
23.	Wird darauf geachtet, dass die Sicherheitsschilder, die Flucht- und Rettungspläne sowie die Rettungswege nicht verdeckt und/oder zugestellt werden?	☐	☐	
Abschnitt f) „Melde- und Löscheinrichtungen“				
24.	Enthält der Abschnitt f) „Melde- und Löscheinrichtungen“ Angaben über			
	• die Standorte der Meldestellen sowie die wichtigsten Telefonnummern, mit denen die Feuerwehr unmittelbar und jederzeit gerufen werden kann?	☐	☐	
	• vorhandene Wandhydranten?	☐	☐	
	• vorhandene Feuerlöschgeräte?	☐	☐	
	• besondere Löscheinrichtungen, wie Löschdecken oder Notduschen?	☐	☐	
25.	Enthält der Abschnitt f) „Melde- und Löscheinrichtungen“ Empfehlungen, sich mit den Bedienungsanleitungen der Melde- und Löscheinrichtungen vertraut zu machen?	☐	☐	
26.	Wurden im Abschnitt f) „Melde- und Löscheinrichtungen“ grafische Symbole nach Brandschutzordnung Teil A sowie Sicherheitszeichen nach DIN 7010 bzw. ASR A1.3 verwendet?	☐	☐	
Abschnitt g) „Verhalten im Brandfall“				
27.	Enthält der Abschnitt g) „Verhalten im Brandfall“ Hinweise darauf, dass			
	• unüberlegtes Handeln zu Fehlverhalten von Menschen führen kann?	☐	☐	
	• unüberlegtes Handeln Panik auslöst?	☐	☐	
Abschnitt h) „Brand melden“				
28.	Enthält der Abschnitt h) „Brand melden“ Hinweise,			
	• wie eine Meldung abzugeben ist?	☐	☐	
	• an wen eine Meldung abzugeben ist?	☐	☐	
29.	Enthält der Abschnitt h) „Brand melden“ eine Erläuterung des „5-W-Schemas“:			
	• Wo brennt es?	☐	☐	
	• Was brennt?	☐	☐	
	• Wie viel brennt?	☐	☐	
	• Welche Gefahren?	☐	☐	
	• Warten auf Rückfragen?	☐	☐	
	Wurde dieses Schema innerbetrieblich kommuniziert?	☐	☐	

Nr.	Prüffragen	geprüft		Maßnahmen bis wann
		Ja	Nein	
Abschnitt i) „Alarmsignale und Anweisungen beachten“				
30.	Enthält der Abschnitt i) „Alarmsignale und Anweisungen beachten“ Hinweise,			
	• welche Alarmsignale gegeben werden (akustisch/optisch)?	☐	☐	
	• was die Alarmsignale bedeuten?	☐	☐	
31.	Enthält der Abschnitt i) „Alarmsignale und Anweisungen beachten“ Festlegungen,			
	• wer Anweisungen geben kann?	☐	☐	
	• dass nach Eintreffen der Feuerwehr ausschließlich deren Anweisungen zu befolgen sind?	☐	☐	
Abschnitt j) „In Sicherheit bringen“				
32.	Enthält der Abschnitt j) „In Sicherheit bringen“ Hinweise,			
	• dass der Gefahrenbereich zu verlassen ist?	☐	☐	
	• wie der Gefahrenbereich zu verlassen ist (z. B. Nichtbenutzung des Aufzugs)?	☐	☐	
	• dass gefährdete, behinderte oder verletzte Personen mitzunehmen sind?	☐	☐	
	• wie man sich, z. B. bei einem verrauchten Fluchtweg, an der nächstmöglichen Gebäudeöffnung bemerkbar machen soll?	☐	☐	
33.	Enthält der Abschnitt j) „In Sicherheit bringen“ Angaben über die			
	• Fluchtwegkennzeichnung?	☐	☐	
	• Erste-Hilfe-Ausrüstungen?	☐	☐	
	• Erste-Hilfe-Einrichtungen?	☐	☐	
	• Erste-Hilfe-Person?	☐	☐	
	• ausgewiesenen Sammelplätze?	☐	☐	
	• besonderen Evakuierungskonzepte (optional)?	☐	☐	
Abschnitt k) „Löschversuche unternehmen“				
34.	Enthält der Abschnitt k) „Löschversuche unternehmen“ Hinweise,			
	• dass Löschversuche nur ohne Gefährdung der eigenen Person durchgeführt werden dürfen?	☐	☐	
	• wie mit brennenden Personen umgegangen werden soll?	☐	☐	
Abschnitt l) „Besondere Verhaltensregeln“				
35.	Enthält der Abschnitt l) „Besondere Verhaltensregeln“ zusätzliche Angaben über			
	• das Schließen von Türen im Brandfall?	☐	☐	
	• das Bergen von Sachwerten im Brandfall?	☐	☐	

Nr.	Prüffragen	geprüft		Maßnahmen bis wann
		Ja	Nein	
36.	Enthält der Abschnitt l) „Besondere Verhaltensregeln“ zusätzliche Hinweise,	☐	☐	
	• dass Aufzüge im Brandfall nicht benutzt werden dürfen?	☐	☐	
	• wie Arbeitsmittel zu sichern sind?	☐	☐	
	• welche Gefahren ggf. durch automatische Löschanlagen zu beachten sind?	☐	☐	
Abschnitt m) „Anhang“				
37.	Enthält der Abschnitt m) „Anhang“			
	• Pläne?	☐	☐	
	• Zeichnungen?	☐	☐	
	• funktionsbezogene Merkblätter und Checklisten?	☐	☐	

Datum, Unterschrift des Prüfers: ______________________________

Checkliste

Erstellen der Brandschutzordnung nach DIN 14096 Teil C

Firma/Einrichtung und Stempel

Firma/Einrichtung: ____________________

Name des Prüfers: ____________________

Ort/Datum: ____________________ , den ____________

Nr.	Prüffragen	geprüft		Maßnahmen bis wann
		Ja	Nein	
Anforderungen der DIN 14096 Teil C				
1.	Enthält die Brandschutzordnung die Bezeichnung „Brandschutzordnung DIN 14096 – C“?	☐	☐	
2.	Wurde die Brandschutzordnung Teil C in schriftlicher Form an die für besondere Aufgaben im Brandschutz beauftragte Person (z. B. Brandschutzbeauftragten) übergeben?	☐	☐	
3.	Wurde von jeder Person, die den Teil C zur persönlichen Unterrichtung erhält, der Empfang schriftlich bestätigt?	☐	☐	
4.	Wurde für den Teil C in Papierform das Format DIN A4, DIN A5 oder DIN A6 verwendet? Hinweis: Für Pläne und Zeichnungen kann auch das Format A3 verwendet werden.	☐	☐	
5.	Geben Gliederung und Inhalt der Brandschutzordnung Teil C die örtlich spezifischen Gegebenheiten wieder?	☐	☐	
6.	Ist der Inhalt in seinen Ausführungen eindeutig und leicht verständlich?	☐	☐	
7.	Ist sichergestellt, dass die Brandschutzordnung Teil C immer aktuell gehalten wird? Hinweis: Überprüfung mindestens alle zwei Jahre.	☐	☐	
8.	Enthält die Brandschutzordnung Teil C die Abschnitte			
	a) Einleitung?	☐	☐	
	b) Brandverhütung?	☐	☐	
	c) Meldung und Alarmierungsablauf?	☐	☐	
	d) Sicherheitsmaßnahmen für Personen, Tiere, Umwelt und Sachwerte?	☐	☐	
	e) Löschmaßnahmen?	☐	☐	
	f) Vorbereitung für den Einsatz der Feuerwehr?	☐	☐	
	g) Nachsorge?	☐	☐	
	h) Anhang?	☐	☐	
9.	Wurden die Abschnitte entsprechend den örtlichen Gegebenheiten mit Texten, Plänen und/oder Zeichnungen ausgefüllt?	☐	☐	

Nr.	Prüffragen	geprüft		Maßnahmen bis wann
		Ja	Nein	
Anhang a) „Einleitung“				
10.	Enthält Abschnitt a) „Einleitung“ allgemeine Erläuterungen			
	• zur Brandschutzordnung?	☐	☐	
	• zum Geltungsbereich?	☐	☐	
	• zur Inkraftsetzung (Datum/Unterschrift)?	☐	☐	
	• zum Personenkreis?	☐	☐	
Anhang b) „Brandverhütung“				
11.	Enthält der Abschnitt b) „Brandverhütung“	☐	☐	
	• die namentliche Benennung der Verantwortlichen?	☐	☐	
	• die Aufgaben und Tätigkeitsbereiche der Verantwortlichen?	☐	☐	
12.	Beinhalten die Aufgaben der Verantwortlichen			
	• die Überwachung der Einhaltung von Brandschutzbestimmungen im laufenden Betrieb, bei Veranstaltungen, bei Nutzungsänderungen, bei Neubauten oder anderen baulichen Änderungen?	☐	☐	
	• das Festlegen und Überwachen von Brandschutzeinrichtungen?	☐	☐	
	• das Festlegen und Überwachen von Flächen für die Feuerwehr?	☐	☐	
	• das Festlegen und Überwachen von Rettungswegen?	☐	☐	
	• das Anbringen, Überwachen und Aktualisieren von Hinweis-/Sicherheitsschildern?	☐	☐	
	• das Genehmigen von Arbeiten mit besonderen Gefahren?	☐	☐	
	• das Überwachen feuergefährdeter und explosionsgefährdeter Bereiche?	☐	☐	
	• das Überwachen von Rauchverboten?	☐	☐	
	• das Fortschreiben von Feuerwehrplänen, Flucht- und Rettungsplänen oder Brandschutzordnung?	☐	☐	
	• das Unterweisen der eigenen Beschäftigten sowie Fremdfirmenmitarbeiter?	☐	☐	
	• die Durchführung von Brandschutz- und/oder Räumungsübungen?	☐	☐	
	• die Zusammenarbeit mit der Feuerwehr bzw. Schadenversicherer?	☐	☐	

Nr.	Prüffragen	geprüft		Maßnahmen bis wann
		Ja	Nein	
Anhang c) „Meldung und Alarmierungsablauf“				
13.	Enthält Abschnitt c) „Meldung und Alarmierungsablauf“ Angaben zur Alarmierung			
	• der Feuerwehr?	☐	☐	
	• der betrieblichen Selbsthilfekräfte?	☐	☐	
	• des Rettungsdienstes?	☐	☐	
	• der Polizei?	☐	☐	
	• ggf. an betriebseigenen Arzt/Unfallstation oder Krankentransport?	☐	☐	
	• der internen Führungskräfte bzw. Brandschutz- und Sicherheitsverantwortlichen?	☐	☐	
	• zur internen Alarmierung der im Gebäude befindlichen Personen (Hausalarm)?	☐	☐	
	• über die Alarmierungswege?	☐	☐	
14.	Ist in Abschnitt c) „Meldung und Alarmierungsablauf“ die Verantwortung zur Aufhebung eines Alarms und zur Wiederaufnahme des Normalbetriebs festgelegt?	☐	☐	
Anhang d) „Sicherheitsmaßnahmen für Personen, Tiere, Umwelt und Sachwerte“				
15.	Enthält Abschnitt d) „Sicherheitsmaßnahmen“ u. a. Hinweise über			
	• die Durchführung von Gebäuderäumungen nach DIN 14011 (auch in Teilbereichen)?	☐	☐	
	• die Überprüfung erfolgter Gebäuderäumungen?	☐	☐	
	• die Betreuung von ortsunkundigen, behinderten und verletzten Personen?	☐	☐	
16.	Enthält Abschnitt d) „Sicherheitsmaßnahmen“ u. a. Angaben darüber,			
	• wer befugt ist, Betriebsunterbrechungen anzuordnen?	☐	☐	
	• ob und ggf. wie bestimmte Sachwerte zu bergen sind?	☐	☐	
	• wie besondere technische Einrichtungen zur Gefahrenabwehr (z. B. Rauch- und Wärmeabzugsanlagen, Ersatzstromversorgung usw.) in Betrieb genommen werden müssen?	☐	☐	
	• wie betriebstechnische Anlagen (Produktionsanlagen usw.) außer Betrieb genommen werden können?	☐	☐	
	• wie bei Notfallabschaltungen ein sicherer Betriebszustand erreicht werden kann?	☐	☐	
Anhang e) „Löschmaßnahmen“				
17.	Enthält Abschnitt e) „Löschmaßnahmen“ u. a. eine Aufgabenbeschreibung für die Selbsthilfekräfte?	☐	☐	

Nr.	Prüffragen	geprüft		Maßnahmen bis wann
		Ja	Nein	
18.	Enthält diese Aufgabenbeschreibung u. a. Angaben zum Treffpunkt der Selbsthilfekräfte?			
	• über die Ausstattung und Ausrüstung der Selbsthilfekräfte?	☐	☐	
	• über die Führungsorganisation der Selbsthilfekräfte?	☐	☐	
	• über den Umgang mit nichtautomatischen Löschanlagen?	☐	☐	
	• über den Umgang mit Löschwasserrückhaltevorrichtungen?	☐	☐	
Anhang f) „Vorbereitung für den Feuerwehreinsatz“				
19.	Enthält Abschnitt f) „Vorbereitung für den Feuerwehreinsatz“ u. a. Angaben darüber,			
	• wie die Brandstelle und deren Umgebung für den Feuerwehreinsatz freigemacht werden?	☐	☐	
	• wie die Flächen für die Feuerwehr freizuhalten sind?	☐	☐	
	• wie die Löschwasserentnahmestellen für die Feuerwehr freizuhalten sind?	☐	☐	
	• wo die Lotsen für die Feuerwehr sich bereithalten müssen?	☐	☐	
	• welche Pläne für die Feuerwehr bereitgehalten werden müssen?	☐	☐	
	• welche Schlüssel für die Feuerwehr bereitgehalten werden müssen?	☐	☐	
	• welche Zugänge für die Feuerwehr offen gehalten werden müssen?	☐	☐	
	• welche geeigneten Ansprechpartner für die Feuerwehr bereitstehen?	☐	☐	
Anhang g) „Nachsorge“				
20.	Enthält Abschnitt g) „Nachsorge“ Angaben zur Sicherung der Brandstelle?			
	• Nachbereitung der Brandstelle?	☐	☐	
	• Wiederherstellung und Einsatzbereitschaft von Brandschutzeinrichtungen?	☐	☐	
	• Organisation der notwendigen Betriebe für eine Brandschadensanierung?	☐	☐	
Anhang h) „Anhang“				
21.	Enthält Abschnitt h) „Anhang“ Pläne, Zeichnungen und funktionsbezogene Merkblätter bzw. Checklisten?	☐	☐	

Datum, Unterschrift des Prüfers: ______________________________

BRANDSCHUTZ-
UNTERWEISUNG

Checkliste

Unterweisung von Brandschutzhelfern

Firma/Einrichtung und Stempel

Firma/Einrichtung: ______________________

Name des Prüfers: ______________________

Ort/Datum: ______________________ , den ____________

Nr.	Prüffragen	geprüft		Maßnahmen bis wann
		Ja	Nein	
1.	Wurde eine Gefährdungsbeurteilung nach ASR A2.2 „Maßnahmen gegen Brände“ durchgeführt?	☐	☐	
2.	Wurde die Anzahl der Brandschutzhelfer an das Ergebnis der Gefährdungsbeurteilung (normale oder hohe Brandgefährdung) angepasst?	☐	☐	
3.	Wird die Unterweisung durch eine fachkundige Person im Sinne der ASR A2.2 i. V. m. der DGUV Information 205-023 „Brandschutzhelfer“ durchgeführt?	☐	☐	
4.	Ist die Unterweisung in die sechs theoretischen Blöcke unterteilt:			
	• Grundzüge des Brandschutzes?	☐	☐	
	• Betriebliche Brandschutzorganisation?	☐	☐	
	• Funktion und Wirkungsweisen von Feuerlöscheinrichtungen?	☐	☐	
	• Gefahren durch Brände?	☐	☐	
	• Verhalten im Brandfall?	☐	☐	
	Gibt es einen praktischen Teil mit Feuerlöschübungen und Ortsbegehungen?	☐	☐	
5.	Enthält der Teil „Grundzüge des Brandschutzes“ die folgenden Inhalte:			
	• Grundlagen der Verbrennung und der Vorgänge beim Löschen?	☐	☐	
	• Häufige Brandursachen/Beispiele?	☐	☐	
	• Betriebsspezifische Brandgefahren/Zündquellen?	☐	☐	
6.	Enthält der Teil „betriebliche Brandschutzorganisation“ die folgenden Inhalte:			
	• Brandschutzordnung nach DIN 14096?	☐	☐	
	• Alarmierungswege und -mittel?	☐	☐	
	• Betriebsspezifische Brandschutzeinrichtungen?	☐	☐	
	• Sicherstellung des eigenen Fluchtwegs?	☐	☐	
	• Sicherheitskennzeichnung nach ASR A1.3 „Sicherheits- und Gesundheitsschutzkennzeichnung“?	☐	☐	

Nr.	Prüffragen	geprüft		Maßnahmen bis wann
		Ja	Nein	
7.	Enthält der Teil „Funktion und Wirkungsweise von Feuerlöscheinrichtungen“ die folgenden Inhalte:			
	• Brandklassen A, B, C, D und F?	☐	☐	
	• Wirkungsweise und Eignung von Feuerlöscheinrichtungen?	☐	☐	
	• Geeignete Feuerlöscheinrichtungen?	☐	☐	
	• Aufbau und Funktion der im Betrieb vorhandenen Feuerlöscheinrichtungen?	☐	☐	
	• Einsatzbereiche und Einsatzregeln von Feuerlöschreinrichtungen und Wandhydranten?	☐	☐	
8.	Enthält der Teil „Gefahren durch Brände“ die folgenden Inhalte:			
	• Gefährdungen durch Rauch und Atemgifte?	☐	☐	
	• Thermische Gefährdungen?	☐	☐	
	• Mechanische Gefährdungen?	☐	☐	
	• Besondere betriebliche Risiken?	☐	☐	
9.	Enthält der Teil „Verhalten im Brandfall“ die folgenden Inhalte:	☐	☐	
	• Alarmierung?	☐	☐	
	• Bedienung der Feuerlöscheinrichtungen ohne Eigengefährdung?	☐	☐	
	• Sicherstellen der selbstständigen Flucht der Beschäftigten?	☐	☐	
	• Ggf. besondere Aufgaben nach Brandschutzordnung Teil C?	☐	☐	
	• Löschen von brennenden Personen?			
10.	Enthält der Teil „Praxis“ die folgenden Inhalte:			
	• Löschtaktik und eigene Grenzen?	☐	☐	
	• Realitätsnahe Übung mit Feuerlöscheinrichtungen?	☐	☐	
	• Wirkungsweise und Leistungsfähigkeit der Feuerlöscheinrichtungen?	☐	☐	
	• Betriebsspezifische Besonderheiten?	☐	☐	
11.	Wird bei der Ausbildung explizit auf den Eigenschutz der Brandschutzhelfer hingewiesen?	☐	☐	
12.	Wird der praktische Teil so gestaltet, dass unnötige Risiken für die Teilnehmer vermieden werden?	☐	☐	
13.	Wird die Ausbildung schriftlich zum Nachweis bei der zuständigen Behörde dokumentiert?	☐	☐	
14.	Wird die Ausbildung alle 2 bis 5 Jahre wiederholt?	☐	☐	

Datum, Unterschrift des Prüfers: ______________________________

Unterweisungsmerkblatt

Umgang mit Feuerlöschern

Firma/Einrichtung und Stempel

Angaben zum Unterweisenden:

Name: ______________________ Vorname: ______________________

Qualifikation: ______________________

Tätigkeitsbeschreibung: ______________________

Arbeitsplatz/Tätigkeitsort: ______________________

Dolmetscher (wenn notwendig):

Name: ______________________ Vorname: ______________________

Allgemeine Sicherheitshinweise

Entstehungsbrände können bereits mit einem einfachen Handfeuerlöscher sehr wirksam und früh bekämpft werden. Je früher Sie also einen Feuerlöscher einsetzen, desto wirkungsvoller ist er. Zwei Handfeuerlöscher gleichzeitig eingesetzt ist oft vielfach so effektiv!

Das nebenstehende Symbol hilft Ihnen beim Auffinden von Feuerlöschern in einem Gebäude. Machen Sie sich deshalb frühzeitig mit deren Lage vertraut. Achten Sie aber zudem auf die Eignung des Feuerlöschers für die aufgedruckten Brandklassen! Bitte überschätzen Sie sich nicht beim Löschversuch. Rufen Sie bei einem Brand in jedem Fall unverzüglich die Feuerwehr, auch wenn Sie die Lage dem Anschein nach unter Kontrolle bringen konnten. Löschen Sie mit dem Feuer vor sich und dem Fluchtweg hinter sich.

Eine bebilderte Kurzanleitung zur Bedienung ist auf jedem Feuerlöscher aufgedruckt. Meist muss ein Sicherungssplint oder eine gelbe Plastikklammer entfernt werden, bevor der Löscher benutzt werden kann. Nach dem Drücken des Knopfs warten Sie ca. 2 Sekunden, bevor Sie den Hebel erneut drücken, der Druck im Behälter muss erst aufgebaut werden; halten Sie den Löscher am Griff, nicht waagrecht! Sehen Sie sich einfach einmal den nächsten Feuerlöscher, an dem Sie vorbeikommen, aus der Nähe an.

Die 5 Grundregeln

Für den erfolgreichen Einsatz von Handfeuerlöschern müssen Sie fünf einfache, aber grundlegende Regeln beachten:

1. Feuer in Windrichtung angreifen
Beachten Sie die Windrichtung, damit das Löschmittel zum Feuer hingetragen wird und Ihnen Rauchgase und Hitze nicht entgegenschlagen.

2. Von vorne beginnend löschen
Treiben Sie die Flammen mit dem Löschmittelstrahl vor sich her. Löschen Sie, wenn möglich, stoßweise, um sparsam mit dem knappen Löschmittel umzugehen.

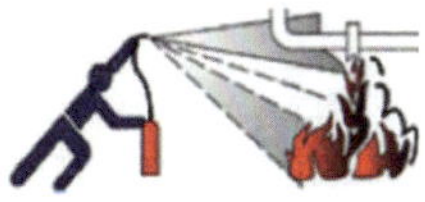

3. Von unten nach oben löschen (außer Tropf- und Fließbrände)
Beginnen Sie immer an der Quelle der Flammen. Decken Sie das Brandgut mit einer Löschmittelschicht vollständig ab. Richten Sie den Strahl auf das Brandgut, nicht auf die Flammen selbst!

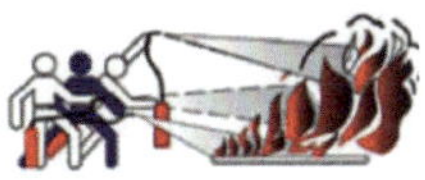

4. Mehrere Feuerlöscher gleichzeitig einsetzen
Ziel ist es, möglichst viel Löschmittel in möglichst kurzer Zeit auszubringen, um ein Rückzünden zu verhindern.

5. Vorsicht vor Wiederentzündung
Halten Sie genügend Löschmittelreserve zurück, falls sich heißes Brandgut erneut entzündet – am besten mit einem weiteren Feuerlöscher.

Handhabung von Feuerlöschern

Funktion und Wirkungsweise von Feuerlöschern:
Feuerlöscher in ausreichendem Abstand zum Brandherd aktivieren und einen vernünftigen Abstand von 1 – 3 m zum Feuer einhalten.

Handhabung Dauerdrucklöscher und CO_2-Löscher:

- Sicherungsstift/Abzugslasche ziehen
- Der Löscher ist direkt einsatzbereit
- Durch Drücken der Löschpistole/des Löschhebels den Löscher einsetzen

Handhabung Aufladelöscher:

- Sicherungsstift/Abzugslasche ziehen
- Schlagknopf betätigen oder Hebel kurz durchdrücken
- 1 – 2 Sekunden warten, bis der Löscher einsatzbereit ist
- Druck wird aufgebaut, Löscher durch Drücken des Hebels betätigen

Brandklassen

Welches Löschmittel für welche Brandklasse?

- **Brandklasse A:** Brände fester Stoffe (hauptsächlich organischer Natur) verbrennen normalerweise unter Glutbildung, z. B. Holz, Papier, Stroh, Textilien, Kohle, Autoreifen
- **Brandklasse B**: Brände von flüssigen oder flüssig werdenden Stoffen, z. B. Benzin, Öle, Schmierfette, Lacke, Harze, Wachse, Teer (Hinweis: Sicherheitsdatenblatt beachten)
- **Brandklasse C:** Brände von Gasen, z. B. Methan, Propan, Wasserstoff, Acetylen, Erdgas
- **Brandklasse D:** Brände von Metallen, z. B. Aluminium, Magnesium, Lithium, Natrium, Kalium und deren Legierungen
- **Brandklasse F**: Brände von Speiseölen und -fetten (pflanzliche oder tierische Öle und Fette) in Frittier- und Fettbackgeräten und anderen Kücheneinrichtungen und -geräten

Alle Löschmittel sind bis zu einer Spannung von 1.000 Volt für Elektro-, Strom- und Gerätebrände geeignet; dabei sind - abhängig vom jeweiligen Löschmittel - Mindestabstände von 1 – 3 m einzuhalten (steht auf jedem Feuerlöscher).

Unterweisungsbestätigung

Datum, Unterschrift des Unterweisenden: ____________________

Die Unterweisung wurde gelesen und verstanden:

	Name des Mitarbeiters	Funktion	Unterschrift
1.			
2.			
3.			
4.			
5.			
6.			
7.			
8.			
9.			
10.			

An der Unterweisung konnten nachfolgende Beschäftigte nicht teilnehmen und müssen nachunterwiesen werden:

	Name des Mitarbeiters	Funktion	Unterschrift
1.			
2.			
3.			
4.			
5.			

Unterweisungsmerkblatt

Brandschutzmaßnahmen/-prävention

Firma/Einrichtung und Stempel

Angaben zum Unterweisenden:

Name: ____________________ Vorname: ____________________

Qualifikation: ____________________

Tätigkeitsbeschreibung: ____________________

Arbeitsplatz/Tätigkeitsort: ____________________

Dolmetscher (wenn notwendig):

Name: ____________________ Vorname: ____________________

Allgemeine Sicherheitshinweise

- Brandschutz betrifft alle; jeder ist für die Einhaltung der Brandschutzvorschriften und für sein persönliches Verhalten verantwortlich.
- Brandschutzeinrichtungen dürfen nicht zerstört werden. Dazu zählen auch Warnhinweise, Beschilderungen, Piktogramme, Wandhydranten, Handfeuerlöscher und aufgekeilte Brand- und Rauchschutztüren.
- Informieren Sie sich vor Ausbruch eines Brands über Hauptfluchtwege, Notausgänge und Sammelplätze sowie über Nebenfluchtwege.
- Informieren Sie sich über die Notfallmaßnahmen aus der Brandschutzordnung „B" und über die Standorte der nächsten Handfeuerlöscher, deren Löschmittel, auch über Wandhydranten und die Auslösevorrichtungen für Entrauchungsanlagen.
- Beachten Sie Rauchverbote und Umgangsverbote mit offenem Feuer oder heißen Gegenständen.
- Zünden Sie keine Kerzen am Arbeitsplatz an.
- Betreiben Sie Kaffeemaschinen mit Wärmeplatte und Wasserkocher auf nicht-brennbaren Unterlagen und schalten Sie sie nach Gebrauch wieder aus.
- Lassen Sie private Elektrogeräte am Arbeitsplatz vor deren Benutzung genehmigen (dazu gehört auch das Aufladen von Smartphones).
- Verschließen oder verstellen Sie keine Flucht- und Rettungswege und halten Sie diese frei von Brandlasten, Einengungen und Stolperstellen.
- Lagern Sie keine brennbaren Flüssigkeiten am Arbeitsplatz – erlaubt ist die maximale Schichtmenge.
- Lagern Sie selbstentzündliche Materialien in dicht geschlossenen Behältern unter Luftabschluss.
- Lagern Sie brennbare Materialien mit ausreichendem Abstand zu heißen Teilen.
- Beachten Sie die Zusammenlagerungshinweise und die Mischungsverbote für Gefahrstoffe.
- Verschließen Sie Gasflaschen und Behälter nach Gebrauch dicht und sorgen Sie für gute Be-/Entlüftung bei Freisetzungen.
- Beginnen Sie feuergefährliche Arbeiten erst, wenn ein ausgefüllter Erlaubnisschein vorliegt.
- Vermeiden Sie Staubaufwirbelungen durch Saugen oder Benetzen.
- Verstellen oder verdecken Sie keine Abluft- und Luftaustrittsöffnungen von Geräten.
- Sind Sie sich bitte bei allen Handlungen bewusst, dass Sie nach § 823 BGB persönlich für Ihre Handlungen zur Verantwortung gezogen werden können.
- Führen Sie nur Handlungen aus, zu denen Sie berechtigt und befähigt sind.

Verhalten in brandgefährdeten Bereichen

- Rauchverbot beachten.
- Zündquellen vermeiden.
- Feuerschutztüren nicht blockieren.
- Ggf. Zutrittsverbote beachten.
- Ggf. besondere Kleidung tragen.
- Ggf. Erdung anlegen.

Verhalten vor Beginn feuergefährlicher Arbeiten

- Arbeit vom Bereichsverantwortlichen freigeben lassen.
- Den Bereich im Radius von z. B. 10 m von mobilen Brandlasten frei räumen.
- Immobile Brandlasten in diesem Bereich mit geeigneten Schweißerdecken oder Folien abdecken.
- Bei Arbeiten an Rohren ist deren Isolation zu entfernen und/oder eine wärmebindende Paste anzubringen.
- Abdichten von Fugen, Bodenöffnungen, Wandritzen usw. im Gefahrenbereich.
- Auswahl einer befähigten Brandwache für die Zeit während der Arbeiten.
- Auswahl einer befähigten Brandwache für mindestens 2 Stunden nach Beendigung der Arbeiten.
- Bereitstellen von geeigneten und ausreichend vielen Handfeuerlöschern (möglichst Wasser oder Schaum, ggf. auch ein angeschlossener Wasserschlauch).
- Information der hauseigenen Feuerwehr (so vorhanden).
- Mögliche Explosionsgefahren messen und vor Beginn der Arbeiten sicher beseitigen.
- Ggf. Abdichten von Behältern, Lüftungskanälen, Rohrleitungen und Anlagen im Gefahrenbereich.
- Betroffene Personen im Bereich und in angrenzenden Bereichen über die Art der Tätigkeiten informieren.

Verhalten bei Bränden

Verhalten Sie sich im Brandfall wie folgt:

- Bewahren Sie Ruhe.
- Melden Sie den Brand.
- Alarmieren Sie die Feuerwehr.
- Unternehmen Sie, so möglich, einen Löschversuch - möglichst zu zweit.
- Informieren Sie gefährdete Personen.
- Haben Sie den Fluchtweg im Rücken, nicht hinter dem Feuer.

Dabei bitte beachten: Meist alarmiert man als erstes oder informiert Betroffene; Menschenrettung geht vor Brandbekämpfung. Löschversuche sollen nur ohne Eigengefährdung vorgenommen werden.

Bringen Sie sich über Fluchtwege in Sicherheit, d. h.:

- Türen zum Brandraum schließen, aber nicht verschließen.
- Gefahrenbereich sofort über die gekennzeichneten Fluchtwege verlassen; Gefährdete informieren, gehbeeinträchtigte Personen mitnehmen.
- Aufzüge nicht benutzen.
- Sammelplatz aufsuchen und warten.
- Feuerwehr einweisen und für Fragen bereitstehen.

Weitere wichtige Hinweise

- Nehmen Sie an den Brandschutzunterweisungen teil, das ist Pflicht!
- Beachten Sie im Gefahrfall und bei Übungen die Anweisungen der jetzt weisungsbefugten Personen.
- Atmen Sie möglichst keine Rauchgase ein und lassen Sie sich ggf. nach dem Einatmen von Rauchgasen medizinisch untersuchen.
- Machen Sie sich an einem Fenster in einem Raum, in dem es nicht brennt, bemerkbar, wenn Ihnen bei verrauchten Fluchtwegen die eigenständige Flucht nicht mehr sicher möglich ist.
- Wenden Sie sich bei Fragen zum Brandschutz an Ihre/Ihren Vorgesetzte/n oder den Brandschutzbeauftragten.

Unterweisungsbestätigung

Datum, Unterschrift des Unterweisenden: ____________________

Die Unterweisung wurde gelesen und verstanden:

	Name, Vorname des Mitarbeiters	Funktion/Abteilung	Unterschrift
1.			
2.			
3.			
4.			
5.			
6.			
7.			
8.			
9.			
10.			

An der Unterweisung konnten nachfolgende Beschäftigte nicht teilnehmen und müssen nachunterwiesen werden:

	Name, Vorname des Mitarbeiters	Funktion/Abteilung	Unterschrift
1.			
2.			
3.			
4.			
5.			

Unterweisungsmerkblatt
Fluchtwege und Notausgänge

Firma/Einrichtung und Stempel

Angaben zum Unterweisenden:

Name: ______________________ Vorname: ______________________

Qualifikation: ______________________

Tätigkeitsbeschreibung: ______________________

Arbeitsplatz/Tätigkeitsort: ______________________

Dolmetscher (wenn notwendig):

Name: ______________________ Vorname: ______________________

Grundlegendes

Fluchtwege ermöglichen auf möglichst kurzem Weg die selbständige Flucht aus einem möglichen Gefahrenbereich und dienen i. d. R. zugleich der Rettung von Personen. Sie führen ins Freie oder wenn dies nicht möglich ist, in einen gesicherten Bereich.

Ein **Notausgang** ist ein Ausgang im Verlauf eines Fluchtwegs, der direkt ins Freie oder in einen gesicherten Bereich führt. Ein **Notausstieg** ist ein geeigneter Ausstieg zur selbstständigen Flucht aus einem Raum oder einem Gebäude.

Eine **Evakuierungsübung** ist eine organisierte Maßnahme, die der Überprüfung dient, ob im akuten Gefahrenfall ein unverzügliches Verlassen von Gebäuden und vergleichbaren Einrichtungen schnell und sicher möglich ist.

Der **Flucht- und Rettungsplan** ist ein Plan, in dem die erforderlichen Informationen über die Fluchtwege sowie die Standorte von Erste-Hilfe-Einrichtungen und von zur Selbsthilfe vorgesehenen Brandschutzeinrichtungen dargestellt sind.

Die **Sicherheitszeichen** sind Piktogramme, die auf sichere Wege zur Rettung (Rettungszeichen) und Flucht aus Gefahrenbereichen, z. B. auf Fluchtwege, Rettungswege und Notausgänge im Brandfall (Brandschutzzeichen), hinweisen.

Allgemeine Sicherheitshinweise

Flucht- und Rettungswege

- Flucht- und Rettungswege dürfen nicht eingeengt werden und sind stets in den erforderlichen Abmessungen freizuhalten.
  – Keine Gegenstände lagern (auch nicht kurzzeitig!).
- Notausgänge, Notausstiege, Flucht- und Rettungswege müssen dauerhaft und sichtbar gekennzeichnet sein.
  – Fluchtrichtung wird angezeigt.
- Aufzüge sind als Teil des Fluchtwegs unzulässig, es sei denn, der Aufzug ist zum Zweck der Flucht und Rettung im Gefahrenfall zulässig und geeignet.
- Durchgangssperren in Fluchtwegen können ohne Hilfsmittel (mit Kraftaufwand max. 150 N) in Fluchtrichtung einfach und gefahrlos geöffnet werden.

Brandschutztüren, Notausstiege und Notausgänge

- Brandschutztüren, Notausstiege und Notausgänge nicht verstellen – auch nicht von außen, nicht einengen und stets freihalten.
  – Keine Gegenstände lagern (Auch nicht kurzzeitig!).
- Türen im Verlauf von Fluchtwegen:
  – Türblatt schlägt in Fluchtrichtung auf
  – Türen lassen sich leicht und ohne Hilfsmittel öffnen
- Notausgänge und Notausstiege müssen dauerhaft und sichtbar gekennzeichnet sein.
- Brandschutztüren und Notausgänge geschlossen halten, aber nicht abschließen!
- Brandschutztüren nicht offen stehen lassen bzw. verkeilen.

Grundlegende Verhaltensregeln im Brandfall

Beachten Sie:

1. Zuerst immer die Alarmierung der Feuerwehr
2. Menschenrettung geht vor Brandbekämpfung
3. Löschversuche nur ohne Gefährdung der eigenen Sicherheit vornehmen

Über Fluchtwege in Sicherheit bringen:

- Gefahrenbereich verlassen; gefährdete, behinderte oder verletzte Personen mitnehmen
- Türen schließen
- Gefahrenbereiche sofort über Treppenräume sowie über gekennzeichneten Flucht- und Rettungsweg verlassen
- Aufzüge nicht benutzen!
- Festgelegte Maßnahmen nach Brandschutzordnung durchführen
- Gebückt gehen (Schutz vor Rauch und Hitze)
- Sammelplatz aufsuchen und warten!

In Sicherheit bringen: Sammelplatz

- Auf dem Sammelplatz warten
- Vorgesetzte melden sich beim Sammelplatzbeauftragten
- Ausgabe von Vollzähligkeitslisten
- Überprüfung der Vollzähligkeit durch den Vorgesetzten
- Rückmeldung an Sammelplatzbeauftragten
- Aufforderung des Verlassens des Sammelplatzes erfolgt nur durch den Vorgesetzten oder durch die Feuerwehr

Unterweisungsbestätigung

Datum, Unterschrift des Unterweisenden: ____________________

Die Unterweisung wurde gelesen und verstanden:

	Name des Mitarbeiters	Funktion	Unterschrift
1.			
2.			
3.			
4.			
5.			
6.			
7.			
8.			
9.			
10.			

An der Unterweisung konnten nachfolgende Beschäftigte nicht teilnehmen und müssen nachunterwiesen werden:

	Name des Mitarbeiters	Funktion	Unterschrift
1.			
2.			
3.			
4.			
5.			

Unterweisungsmerkblatt

Brandschutzordnung Teil A und B

Firma/Einrichtung und Stempel

Angaben zum Unterweisenden:

Name: ______________________ Vorname: ______________________

Qualifikation: ______________________

Tätigkeitsbeschreibung: ______________________

Arbeitsplatz/Tätigkeitsort: ______________________

Dolmetscher (wenn notwendig):

Name: ______________________ Vorname: ______________________

Allgemeine Hinweise zur Brandschutzordnung Teil A und B nach DIN 14096

Jedes Unternehmen ist verpflichtet, Vorbereitungen für einen Brandfall zu treffen. Ein wichtiges Steuerungsinstrument hierzu sind Brandschutzordnungen. Die Inhalte der Brandschutzordnungen sind in der DIN 14096 vorgegeben und richten sich an unterschiedliche Adressaten. Diese sind:

<u>Brandschutzordnung Teil A:</u> Alle Personen, welche sich in einem Gebäude aufhalten. Dies können z. B. alle Beschäftigten (auch die von Fremdfirmen) und alle Besucher sein.

<u>Brandschutzordnung Teil B</u>: Alle Personen, welche sich nicht nur vorübergehend in einem Gebäude aufhalten. Dies können alle Beschäftigten sein. Wichtig: Diese Personengruppe hat keine besonderen Aufgaben im betrieblichen Brandschutz.

Die Brandschutzordnungen sind unterweisungspflichtig. Die Unterweisung ist zu dokumentieren.

Brandschutzordnung Teil A

Die Brandschutzordnung Teil A beschreibt, wie sich alle Beschäftigten im Brandfall zu verhalten haben. Sie ist immer gleich aufgebaut und gibt klare Handlungsanweisungen:

Quelle: FORUM VERLAG HERKERT GMBH

- Die Brandschutzordnung Teil A ist daran zu erkennen, dass sie z. B. den Titel „Brände verhüten" oder „Verhalten im Brandfall" trägt.
- Die Bedeutung der Schlagworte auf der linken Seite wird mittig durch Symbole und rechts durch Kurzhinweise ergänzt. Diese beschreiben die Reihenfolge der Handlungsschritte in knappen Überschriften. Schlagworte können sein:
  - „Ruhe bewahren"
  - „Brand melden"
  - „In Sicherheit bringen"
  - „Löschversuch unternehmen"
- Die Bedeutung der Sicherheitszeichen in der Mitte verdeutlichen visuell die Handlungsanweisungen und müssen in jedem Betrieb zur Orientierung im Ernstfall an Türen, in Fluren und Treppenläufen sowie am Sammelplatz angebracht sein. Hierzu zählen Rettungs- und Brandschutzzeichen. Die Aufgabe der Rettungszeichen ist, alle Beschäftigten im Brandfall schnell zu koordinieren und somit das Ziel, alle auf dem Sammelplatz sicher zu sammeln, möglichst schnell zu erreichen. Die Brandschutzzeichen geben Hinweise auf die Positionierung von Handfeuermeldern, Brandmeldetelefonen, Feuerlöschern und Wandhydranten.

Sicherheitszeichen laut DIN ISO 7010 und/ oder ASR A1.3:

- Rettungszeichen (grün)
- Brandschutzzeichen (rot)

Notausgang nach rechts folgen		Sammelstelle aufsuchen	
Handfeuermelder betätigen		Brand melden	
Feuerlöscher suchen und benutzen		Löschschlauch aufsuchen und benutzen	

Quelle: ASR A 1.3

- Die Bedeutung der Hinweistexte im rechten Teil der Brandschutzordnung:

  Diese sollen konkretisierende Hinweise zu den Schlagworten und Überschriften geben. Sie beschreiben detaillierter in Schriftform die Handlungsabfolge. Hieran müssen sich die Mitarbeiter orientieren.

  Hinweise sind beispielsweise:

  - Mitteilung des Brandfalls über die angegebenen Rufnummern und /oder den Notruf 112 (ggf. betriebsinterne Vorwahlen wie 0 oder 6 beachten)
  - Gefährdete Personen warnen/Handfeuermelder betätigen
  - Hinweise zur Flucht: Hilflose mitnehmen, Türen schließen, Gekennzeichneten Fluchtwegen folgen, keinen Aufzug benutzen, die Sammelstelle aufsuchen, Anweisungen folgen
  - Hinweise zur Brandbekämpfung: Feuerlöscher benutzen, Löschschlauch benutzen

- Die Brandschutzordnung Teil A muss an mehreren Orten, gut erkennbar und lesbar aufgehängt sein. Eine regelmäßige Aktualisierung sowie eine mindestens 2-jährliche Prüfung durch eine fachkundige Person ist notwendig.

Brandschutzordnung Teil B

Die Brandschutzordnung Teil B nach DIN 14096 ist immer gleich aufgebaut. Sie enthält immer die nachfolgenden Gliederungspunkte. Die Inhalte dieser Gliederungspunkte sind jedoch von Betrieb zu Betrieb verschieden. Diese Brandschutzordnung Teil B wird schriftlich oder im Intranet von dem Arbeitgeber verteilt und muss vom Arbeitnehmer unterzeichnet werden. Dokumentiert und abgeheftet bildet diese die Basis für die Absicherung des Betriebs im Brandfall.

Die Gliederungspunkte lauten wie folgt:

a) eine **Einleitung**, welche die Brandschutzorganisation des eigenen Unternehmens erläutert,
b) die Darstellung der **Brandschutzordnung Teil A,**
c) alle Maßnahmen welche das Unternehmen zur **Brandverhütung** festgelegt hat,
d) welche Vorkehrungen gegen die **Ausbreitung des Brands und des Rauchs** getroffen wurden,
e) die Beschreibung der **Flucht- und Rettungswege**,
f) die Erläuterung, welche Möglichkeiten der **Brandmeldung und Löscheinrichtungen** im Unternehmen vorhanden sind,
g) wie sich die Beschäftigten im **Brandfall verhalten** sollen,
h) die **Vorgehensweise zur Meldung** eines Brands,
i) eine Erläuterung, welche **Alarmsignale** vorbereitet wurden und bei Auslösung der Alarmsignale zu beachten ist,
j) Vorgaben darüber wie man sich aus dem Gebäude heraus kann,
k) Hinweise darüber, wie **Löschversuche zu unternehmen** sind,
l) Die Bekanntgabe weiterer **betriebsspezifischer Verhaltensregeln,**
m) ggf. vorhandene besondere **Anhänge.**

Auch die Brandschutzordnung Teil B muss immer aktuell gehalten werden. Sie ist mindestens alle zwei Jahre durch eine fachkundige Person zu prüfen.

Unterweisungsbestätigung

Datum, Unterschrift des Unterweisenden: ______________________________

Die Unterweisung wurde gelesen und verstanden:

	Name des Mitarbeiters	Funktion	Unterschrift
1.			
2.			
3.			
4.			
5.			
6.			
7.			
8.			
9.			
10.			

An der Unterweisung konnten nachfolgende Beschäftigte nicht teilnehmen und müssen nachunterwiesen werden:

	Name des Mitarbeiters	Funktion	Unterschrift
1.			
2.			
3.			
4.			
5.			

Unterweisungsmerkblatt
Evakuierung im Unternehmen

Firma/Einrichtung und Stempel

Angaben zum Unterweisenden:

Name: ______________________ Vorname: ______________________

Qualifikation: ______________________

Tätigkeitsbeschreibung: ______________________

Arbeitsplatz/Tätigkeitsort: ______________________

Dolmetscher (wenn notwendig):

Name: ______________________ Vorname: ______________________

Anlässe für eine Evakuierung

Man muss jederzeit in einem Unternehmen mit Notfällen rechnen. Unterschiedliche Ereignisse wie Brände, Austritt von Gefahrstoffen, Amoktaten usw. können eine Alarmierung mit anschließender Evakuierung eines Unternehmens auslösen.

Notfälle können innere Ursachen haben, wie z. B.:

- Brand oder Explosion
- Austritt von Gefahrstoffen
- Emissionsereignisse im Gebäude

Daneben können Notfälle auch äußere Ursachen haben, wie z. B.:

- Amoktat
- Bombendrohung
- Freisetzung von Gefahrstoffen im äußeren Umfeld
- Unwetter

Alarmierung/Evakuierungssignale

Wird ein Evakuierungsgrund (z. B. Notfall, Brand) erkannt, wird ein Alarm ausgelöst. Dieser Alarm muss allen Beschäftigten bekannt sein. Machen Sie sich daher mit den Alarmierungseinrichtungen (z. B. Handmelder), Evakuierungssignalen (bei z. B. Evakuierungsübungen), den Fluchtwegen und Notausgängen vertraut! Informieren Sie sich über den genauen Standort „Ihres“ Sammelplatzes. Die Flucht-/Rettungspläne hängen in den Fluren und im Bereich der Ausgänge zu den Treppenhäusern.

Es existieren verschiedene Evakuierungssignale:

- akustische Signalanlagen: Hupen, Klingeln, Sirenen
- elektronische Lautsprecheranlagen (ELA): Abspielen vorbereiteter Texte auf Tonträger
- optische Warnsignale und Zeichen (z. B. in Lärmbereichen – Produktion)

Verhaltensregeln während und nach einer Evakuierung

Abhängig von der konkreten Situation kann es notwendig sein, Gebäude entweder gar nicht, teilweise oder komplett zu evakuieren. Um Chaos und Panik zu vermeiden, ist es wichtig, bei einer Evakuierung im Ernstfall Ruhe zu bewahren. Wurde eine Evakuierung angeordnet, befolgen Sie stets die Anweisungen der Polizei oder Feuerwehr. Informieren Sie sich nach Bekanntgabe einer Evakuierung über das gefährdete Gebiet und prüfen Sie, ob Sie Ihren Aufenthaltsort verlassen müssen.

<u>Keine Evakuierung (Verbleib am sicheren Ort im Gebäude):</u>

- Relevant bei äußerer Gefahr. Anwendungsbeispiele sind z. B.: Chloraustritt aus Schwimmbad, Ammoniakaustritt im Eisstadion, Bedrohung von Beschäftigten im Büro.
- Mögliche „sichere Orte im Gebäude“ können sein: Besprechungszimmer, Vortragssäle, Aufenthaltsräume, innen liegende Flure und/oder Treppenräume.

Teilweise Evakuierung:

- Relevant bei innerer Gefahr. Anwendungsbeispiele sind z. B.: Laborbereich, Krankenhaus, Arbeitsbereiche mit mobilitätseingeschränkten Personen.
- Es erfolgt eine horizontale Evakuierung in einen gesicherten Bereich, z. B. Brandabschnitte gemäß Brandschutzkonzept.

Vollständige Evakuierung (alle Personen müssen das Gebäude verlassen):

Hier gilt:

- Alle Personen unterstützen aktiv die Evakuierung, ohne sich selbst zu gefährden!
- Alle Personen kümmern sich aktiv um besondere Personengruppen (z. B. Personen mit Behinderungen) und dritte Anwesende (z. B. Besucher)!
- Vorgesetzte haben Vorbildfunktion!

Handeln Sie dann wie folgt:

- Unverzüglich den Arbeitsplatz verlassen, d. h. aktuelle Tätigkeiten werden sofort eingestellt und nicht abgeschlossen.
- Maschinen und Anlagen gemäß Notfallkonzept hinterlassen.
- Persönliche Wertsachen und Überbekleidung nur dann mitnehmen, wenn dies ohne Zeitverzug machbar ist.
- Jeder achtet darauf, dass alle Personen mitgenommen werden.
- Alle Fenster und Türen schließen, nicht abschließen.
- Aufzüge nicht benutzen.
- Nur Fluchtwege nutzen.
- Unverzüglich Sammelstelle aufsuchen.
- Besondere Vorkommnisse der Vorgesetzten/dem Vorgesetzten melden (z. B. verletzte Personen, Stürze, weitere Brandnester, Ausbreitung von Rauchgasen).
- So lange auf der Sammelstelle verbleiben, bis eine Freigabe erfolgt ist.

Unterweisungsbestätigung

Datum, Unterschrift des Unterweisenden: ______________________________

Die Unterweisung wurde gelesen und verstanden:

	Name des Mitarbeiters	Funktion	Unterschrift
1.			
2.			
3.			
4.			
5.			
6.			
7.			
8.			
9.			
10.			

An der Unterweisung konnten nachfolgende Beschäftigte nicht teilnehmen und müssen nachunterwiesen werden:

	Name des Mitarbeiters	Funktion	Unterschrift
1.			
2.			
3.			
4.			
5.			

Unterweisungsmerkblatt

Angstverhalten – Panikvermeidung

Firma/Einrichtung und Stempel

Angaben zur/zum Unterweisenden

Name: ______________________ Vorname: ______________________

Qualifikation: ______________________

Tätigkeitsbeschreibung: ______________________

Arbeitsplatz/Tätigkeitsort: ______________________

Dolmetscher/-in (wenn notwendig):

Name: ______________________ Vorname: ______________________

Hinweis:

Allgemeine Informationen – Angstverhalten und Panikvermeidung

Menschen reagieren in gefährlichen bzw. lebensbedrohlich wahrgenommenen Situationen häufig nicht rational. Vielmehr kann es vorkommen, dass sogenannte archaische Verhaltensweisen, wie ein ungezügelter Kampf- oder Fluchtreflex, das rationale Handeln übernehmen. Darüber hinaus ist es auch möglich, dass Menschen vollkommen unfähig werden, überhaupt in solchen Situationen zu reagieren (Schockstarre).

Ausgelöst wird diese Verhaltensweise u. a. durch die persönliche Einschätzung, dass eine Situation unmittelbar lebensgefährlich und nicht kontrollierbar ist.

Auslösende Ereignisse können Brandereignisse, Explosionen, Amokläufe, gewalttätige Angriffe auf die eigene Person und weitere gefahrbringende Ereignisse sein. Angstverhalten und Panik sind normale Reaktionen von Menschen, welche sich in einer vermeintlich oder tatsächlich gefährlichen Situation befinden. Das Gehirn, und hier insbesondere die Amygdala (das sogenannte Angstzentrum im Gehirn), löst automatisch Stressreaktionen, insbesondere den Kampf-oder-Flucht-Mechanismus, aus.

In Kenntnis dieser Umstände ist es erforderlich, dass die Beschäftigten, insbesondere dann, wenn diese Funktionen wie Brandschutz- und/oder Evakuierungshelfer übernehmen sollen, in der Bewältigung solcher Situationen regelmäßig geschult bzw. unterwiesen werden.

Was kann zu einer Paniksituation führen?

Zu einem panikartigen Verhalten können mehrere Faktoren beitragen:

- Wahrnehmung einer Bedrohung
  Panikverhalten beginnt meistens mit der sehr persönlichen Einschätzung, dass eine Situation unmittelbar das eigene Leben bedroht und nicht kontrolliert werden kann. Hierbei kommt es tatsächlich nicht auf die tatsächliche Gefahr an, sondern immer auf die persönliche Einschätzung. Zu beachten ist, dass diese Einschätzung von jedem Menschen eigenständig und anders vorgenommen wird. Dies bedeutet, dass Menschen, welche sich in einer gleichen Situation befinden, diese ganz unterschiedlich bewerten können und dann ggf. auch sehr unterschiedlich reagieren.

- Auslösung von Stressreaktionen und des Kampf-Flucht-Mechanismus
  Körperliche Stressreaktionen können sein:
  - es wird verstärkt Adrenalin ausgeschüttet,
  - Herzschlag und Atmung beschleunigen sich,
  - die Muskelspannung steigt.

  Grundsätzlich sind diese Reaktionen sinnvoll, können sie uns doch helfen, eine Situation schnell zu bewerten und ggf. mit aller Kraft eine Flucht anzutreten bzw. eine Gefahr abzuwehren. Allerdings verengt sich in dieser Phase auch der Wahrnehmungshorizont: Man kann nicht mehr klar und strukturiert denken und es kann sehr schnell zu einer kognitiven Überforderung kommen.

- Gefühl von Kontrollverlust, Informationsverlust und widersprüchliche Signale
  In Krisensituationen ist es zwingend erforderlich, aktuelle Informationen zu haben, damit man klare Entscheidungen treffen kann. Fehlen diese Informationen, dann beginnt der Mensch, Sachverhalte auf Basis von Emotionen zu bewerten. Mangelhafte bzw. fehlende Informationen lösen immer das Gefühl von Kontrollverlust aus. Kontrollverlust wiederum kann als einer der stärksten Auslöser von Panik angesehen werden. Verstärkt werden kann das Gefühl des Kontrollverlustes dadurch, dass in Krisensituationen unklare, bzw. auch widersprüchliche Signale und Anweisungen erteilt werden. Dies muss dringend vermieden werden.

- Panikauslösung durch das Verhalten anderer Personen
  Schreien, Drängeln, räumliche Enge, eine zu hohe Personendichte und insgesamt hektisches Verhalten von anderen Menschen können „ansteckend" wirken und panikartige Reaktionen verstärken bzw. diese erst auslösen.

- Persönliche Faktoren zur Panikentstehung
  Fehlendes Training und fehlende Schulungen, gepaart mit eigenem Stress und/oder Erschöpfung, können die Wahrscheinlichkeit erhöhen, in einen panikartigen Zustand zu verfallen.

Was kann man tun, um Panik zu vermeiden?

Angst und Panik sind natürliche Reaktionen auf Gefahrensituationen. Es besteht in Gefahrensituationen immer die Gefahr, dass die Bekämpfung der eigentlichen Gefahr, z. B. eines Brandes, durch panikartiges Verhalten von Betroffenen verhindert bzw. erheblich erschwert wird. Panikartiges Verhalten kann z. B. Evakuierungen erschweren, falsche Entscheidungen auslösen durch falsche Situationsbewertungen, allgemein das Verletzungsrisiko durch unkontrollierte und ungesteuerte Fluchtreaktionen auslösen. Es muss also immer darum gehen, klare Strukturen von Arbeits- und Anweisungsabläufen zu schaffen, damit die betroffenen Menschen in Gefahrensituationen eng geführt bzw. begleitet werden können.

Die betrieblich verantwortlichen Personen müssen ein Gefahrenbewusstsein haben, welches dazu führt, dass regelmäßige Unterweisungen durchgeführt und klare Strukturen zur Gefahrenabwehr aufgebaut werden. Gesetzlich vorgeschrieben ist dies u. a. in §10 des Arbeitsschutzgesetzes.

Hier wird in Absatz 1 bestimmt (Zitat): *„Der Arbeitgeber hat entsprechend der Art der Arbeitsstätte und der Tätigkeiten sowie der Zahl der Beschäftigten die Maßnahmen zu treffen, die zur Ersten Hilfe, Brandbekämpfung und Evakuierung der Beschäftigten erforderlich sind. Dabei hat er der Anwesenheit anderer Personen Rechnung zu tragen. Er hat auch dafür zu sorgen, dass im Notfall die erforderlichen Verbindungen zu außerbetrieblichen Stellen, insbesondere in den Bereichen der Ersten Hilfe, der medizinischen Notversorgung, der Bergung und der Brandbekämpfung eingerichtet sind".*

Rechtlich untermauert wird dieser Paragraf noch durch u. a. Normierungen in der Arbeitsstättenverordnung und zahlreichen Technischen Regeln für Arbeitsstätten, beispielsweise der ASR A2.2 „Maßnahmen gegen Brände".

Es sollten also mindestens folgende Schritte zur Panikvermeidung erfolgen:

- regelmäßige Unterweisungen in der betrieblichen Gefahrenabwehr, einschließlich der Maßnahmen zur Vermeidung von Angst- und Paniksituationen,
- der organisatorische Brandschutz muss den rechtlichen Grundlagen entsprechend aufgestellt sein,
- verantwortliche Personen (Geschäftsführung, Brandschutzbeauftragte, Brandschutz- und Evakuierungshelfer, Beschäftigte) müssen ihre jeweiligen Aufgaben kennen,
- Alarmplanungen sowie die Flucht- und Rettungspläne müssen aktuell ein,
- klare Informationsabläufe und Anweisungen für Gefahrensituationen vorbereiten,
- die Gebäudeevakuierung planen und regelmäßig üben, hierbei die Anwesenheit von Personen mit Behinderungen besonders berücksichtigen,
- die Abläufe an den Sammelstellen beschreiben und unterweisen.

Werden die vorgenannten Punkte bei den regelmäßigen Unterweisungen berücksichtigt, besteht die große Chance, Gefahrensituationen gut zu überstehen. Dies bedeutet einen, nicht unerheblichen Aufwand an personellen und ggf. auch materiellen Ressourcen.

Ansprechpartner/-in

Sollten Sie zwischenzeitlich weitere Fragen oder Anmerkungen haben, wenden Sie sich gerne jederzeit an:

Erreichbar von bis Erreichbar unter

______________________, den	______________________
(Ort)	(Datum)
______________________	______________________
(Unterschrift Unterweisende/r)	(Unterschrift Unterwiesene/r)

Unterweisungsmerkblatt

Elektro-Fahrzeuge im Betrieb

Firma/Einrichtung und Stempel

Angaben zur/zum Unterweisenden

Name: ______________________ Vorname: ______________________

Qualifikation: ______________________

Tätigkeitsbeschreibung: ______________________

Arbeitsplatz/Tätigkeitsort: ______________________

Dolmetscher/-in (wenn notwendig):

Name: ______________________ Vorname: ______________________

Hinweis:

Unter dem Begriff „Elektro-Fahrzeuge" können allgemein E-Autos, E-Bikes, E-Scooter, Pedelecs, Rollstühle mit E-Antrieb und sonstige mit Lithium-Ionen-Batterien ausgestattete Mittel zur Fortbewegung verstanden werden. Die Anwendung dieser Technologie ist also in vielen unterschiedlichen Bereichen und Branchen zu finden.

Nach derzeitigem Kenntnisstand ist eine wirksame manuelle Entstehungsbrandbekämpfung durch Laien an Elektrostraßenfahrzeugen ohne Eigengefährdung nur sehr eingeschränkt bis gar nicht möglich.

Vielfach wird in der Literatur darauf hingewiesen, dass zur Entstehungsbrandbekämpfung persönliche Schutzausrüstung erforderlich ist. Betriebliche Brandschutzhelfer verfügen in aller Regel nicht über persönliche Schutzausrüstung. Von daher muss auf Basis einer Gefährdungsbeurteilung geprüft werden, ob der Einsatz dieser speziell ausgebildeten Beschäftigten in diesen Fällen überhaupt möglich ist.

Bevor dieses Merkblatt verwendet werden kann, muss eine entsprechende Grundlage in Form von geeigneten Schutzmechanismen (besondere Schranksysteme zur Lagerung und Ladung, extra dafür ausgerichtete Ladeinfrastrukturen auf Basis umfangreicher Planung und Beratung etc.) und Präventionsmaßnahmen aus den Bereichen des baulichen, anlagentechnisch und organisatorischen Brandschutzes im Betrieb vorhanden sein.

Allgemeine Sicherheitshinweise – Lithium-Ionen-Akkus im Allgemeinen

- Lithium-Ionen-Batterien sind aufgrund ihrer Beschaffenheit, ihres zunehmenden Einsatzes in verschiedensten Geräten und des Brandverhaltens (z. B. starke Hitze- und Rauchentwicklung in kurzer Zeit) eine zusätzliche Gefahrenquelle im Betrieb.
- Lithium-Ionen-Batterien können vorkommen in:
  - Laptops
  - Smartphones
  - Akku-Werkzeugen (Akkubohrer, Akkuschrauber etc.)
  - E-Bikes
  - E-Autos
  - u. v. m.
- Die Besonderheit von Lithium-Ionen-Batterien ist die Wiederaufladefähigkeit und damit erhöhte Lebensdauer dieser Batterien im Vergleich zu herkömmlichen Energiespeichersystemen.
- Lithium-Ionen-Batterien können in folgenden Fällen zu Schaden kommen und haben dann ein erhöhtes Risiko, in Brand zu geraten:
  - mechanische Beschädigungen, z. B. durch Sturz, Schlag oder Quetschung
  - technische Defekte, z. B. durch Fertigungsfehler, die innere Kurzschlüsse auslösen

- Kristallbildung im Inneren der Batterie mit Beschädigung des Separators (Dentridenbildung)
- unsachgemäße Lagerung
- Überhitzung, z. B. beim Aufbewahren in der direkten Sonne
- Überladung durch ungeeignete Geräte oder Ladeversuche nach Tiefentladung

- Gerät eine Lithium-Ionen-Batterie in Brand, ist diese kaum zu löschen. Kleine Batterien können in Wasser getränkt werden, was eine permanente Kühlung darstellt. Für größere Batterien (E-Autos) werden häufig durch die Feuerwehren größere Wannen vorgehalten.
- Eine normale Löschung mittels Löschmittel ist aktuell nicht möglich, da dadurch das thermische Durchgehen des Akkus bzw. benachbarter Zellen nicht verhindert werden kann.
- Entscheidend ist immer, dass man einen Energieentzug erreichen kann. In aller Regel gelingt dies nur unter Einsatz von viel Wasser.
- Der Einsatz betrieblicher Brandschutzhelfer ist ohne Eigengefährdung kaum möglich. Im Zweifel muss auf die Entstehungsbrandbekämpfung verzichtet werden und man muss sich auf die Feuerwehr verlassen.
- Thermal Runaway: Die in der Batterie gespeicherte elektrische Energie wird schlagartig in Form von thermischer Energie abgegeben. Eingesetzte Materialien zerfallen hierbei spontan, brennbare Gase und Sauerstoff treten aus (Thermal Propagation). Dadurch entsteht hoher Druck, der die Akkuzelle bersten lässt. Dieser Prozess (aufgrund der Hitzeentwicklung) geht von Zelle zu Zelle in der Batterie über, wodurch sich im Falle eines Brandes nach und nach alle Zellen im Batterieblock entzünden. Die einzelnen Reaktionen verlaufen sekundenschnell, der Prozess an sich kann über mehrere Stunden verlaufen. Die Reaktion ist heftig flammend bis explosionsartig.

E-Fahrzeuge im Betrieb sicher nutzen und laden

- E-Fahrzeuge dürfen nur an den hierfür vorgesehenen Abstellbereichen abgestellt werden.
- Die Lagerung brennbarer Materialien in der Nähe von Abstellflächen für E-Fahrzeuge ist nicht gestattet.
- Akkus von E-Bikes dürfen nicht entnommen und mit an den Arbeitsplatz genommen werden – auch nicht, um sie dort lediglich aufzubewahren.
- Nicht das Parken, sondern die Ladephasen sind vor allem die gefährlichen Zeiträume. Während dieser entstehen die meisten Brände. Darum ist gerade bei diesem Vorgang eine besondere Sorgfalt und Vorsicht notwendig:
  - E-Fahrzeuge dürfen nicht geladen werden, wenn ein möglicher Schaden des Akkus bestehen könnte (z. B. nach einem wenn auch noch so kleinen Unfall oder Sturz). Eine Prüfung auf abgeplatzte Teile, korrodierte Kontakte oder aufgeblähte Akku-Elemente ist durchzuführen. Erst nach fachgerechter Untersuchung darf eine Ladung wieder erfolgen.
  - E-Fahrzeuge dürfen nur an den dafür vorgesehenen Stellen mit der dafür vorgesehenen Ladeinfrastruktur geladen werden.
  - Das Laden eines E-Fahrzeugs an Mehrfachsteckdosen mit anderen E-Fahrzeugen zusammen ist untersagt. Die Überlastung der Steckdose bzw. Kabelbrand sind hier sonst vorprogrammiert.
  - Batterien von E-Bikes dürfen nur in den dafür vorgesehenen Ladeboxen der Betriebe geladen werden. Ein Laden direkt am Arbeitsplatz ist untersagt. Diese Ladeboxen verfügen über besondere Schutzmechanismen für den Fall eines entstehenden Brandes.
  - Die Herstellerangaben zum Laden der Batterien sind unbedingt zu beachten.
  - Beschädigte Batterien oder Ladegeräte dürfen nicht weiterverwendet werden.
  - Ladevorgänge sind stetig zu überwachen.
  - Nach dem erfolgreichen Ladevorgang ist das Fahrzeug auf dafür festgelegte Parkflächen umzuparken.

Verhalten im Brandfall

- Fallen während des Ladevorgangs Defekte/Schäden der Batterie auf, unterbrechen Sie unmittelbar den Ladevorgang.
- Gibt es noch keine erkennbaren Brand-/Rauchentwicklungen: Informieren Sie die direkten Vorgesetzten, ggf. auch den Brandschutzbeauftragten des Unternehmens (betrieblich vorgegebene Meldewege beachten).
  Telefonnummer:
- Bei Rauchentwicklung oder optischen Feuererscheinungen ist direkt die Feuerwehr zu alarmieren.
  Telefonnummer:
- Melden Sie den Brand über den Hausalarm. Damit wird die Evakuierung des Gebäudes eingeleitet.
- Verlassen Sie daraufhin die Räumlichkeit/Garage, schließen Sie die Tür und begeben Sie sich zum Sammelplatz.
- Tipp: Falls möglich bzw. vorhanden, schalten Sie die Energieversorgung ab (Notaus/Sicherungskasten).
- Tipp: Starten Sie keinen Löschversuch. Im Bereich E-Mobilität ist Spezialtechnik erforderlich und Akkus sind oft nicht direkt zugänglich.

Ansprechpartner/-in

Sollten Sie zwischenzeitlich weitere Fragen oder Anmerkungen haben, wenden Sie sich gerne jederzeit an:

Erreichbar von bis

Erreichbar unter

____________________, den	____________________
(Ort)	(Datum)
____________________	____________________
(Unterschrift Unterweisende/r)	(Unterschrift Unterwiesene/r)

Unterweisungsmerkblatt

Brandrauch

Firma/Einrichtung und Stempel

Angaben zur/zum Unterweisenden

Name: ______________________ Vorname: ______________________

Qualifikation: ______________________

Tätigkeitsbeschreibung: ______________________

Arbeitsplatz/Tätigkeitsort: ______________________

Dolmetscher/-in (wenn notwendig):

Name: ______________________ Vorname: ______________________

Hinweis:

Allgemeine Informationen – Brandrauch

Brandrauch ist eine absolut tödliche Gefahr für Menschen und Tiere. Darüber hinaus hat Brandrauch aber noch andere sehr negative Eigenschaften: Die Inhaltsstoffe im Brandrauch können ätzende Wirkungen haben und der Brandrauch ist heiß. Dies bedeutet, dass Brandrauch auch sehr schnell Schäden am Inventar, aber auch an der Statik des Gebäudes bewirken kann. Darüber hinaus wirkt Brandrauch auch sichtbehindernd und kann eine Flucht stark behindern.

Die Zusammensetzung des Brandrauchs ist nicht immer gleich, sondern stark abhängig von der Art der Stoffe, welche gerade verbrennen und der Brandtemperatur.

Brandrauch sollte schnellstmöglich aus einem Gebäude abgeführt werden können. Hierzu wird in aller Regel anlagentechnischer Brandschutz in Form von Rauch- und Wärmeabzugsanlagen (RWA) eingesetzt. Anlagentechnischer Brandschutz muss grundsätzlich immer funktionsbereit sein. Im Falle technischer Störungen oder für den Fall der Außerbetriebnahme dieser Anlagen, z. B., weil Wartungsarbeiten durchgeführt werden müssen, sollten Kompensationsmaßnahmen vorbereitet sein.

Welche physiologischen Wirkungen kann Brandrauch haben?

Grundsätzlich kann Brandrauch Inhaltsstoffe in allen drei Aggregatzuständen beinhalten:

- Feste Stoffe in Form von Schwebstoffen und Stäuben, Ruß und Asche
- Flüssige Stoffe in Form von Tropfen und Nebel (Aerosole)
- Gasförmige Stoffe in Form von Dämpfen und Gasen

Sollte zur Begegnung dieser Gefahr angedacht sein, Atemschutzmasken und/oder -geräte einzusetzen, dann müssen diese Mittel gegen alle drei vorgenannten Arten der Bestandteile im Bandrauch wirken. Zu beachten ist aber, dass im Rahmen der Bekämpfung von Entstehungsbränden in Unternehmen ausschließlich Brandschutzhelfer bzw. auch Mitarbeiter ohne Zusatzausbildung eingesetzt werden. Für diese Gruppen von Beschäftigten ist der Einsatz von Atemschutzmasken und/oder -geräten nicht vorgesehen. Hierfür wären spezielle Einweisungen und Ausbildungen sowie arbeitsmedizinische Vorsorgeuntersuchungen erforderlich.

Es muss grundsätzlich gelten, dass die Rauchgrenze nur durch Einsatzkräfte der Feuerwehr mit umluftunabhängigem Atemschutz und Schutzkleidung überschritten wird. Im Brandrauch ist ein Überleben ohne Atemschutz nicht möglich.

Brandrauch kann auf unterschiedliche Arten Menschen schädigen:

- Sauerstoffverdrängende Wirkung: Inhaltsstoffe von Brandrauch können den Sauerstoffgehalt der Einatemluft (normal bei 21 Vol.-%) so weit reduzieren, dass eine lebensbedrohliche Situation entstehen kann. Beispielhaft soll hier bei einem Brand entstehendes CO_2 genannt werden.

- Reitz- und Ätzwirkung: Brandrauch kann Säuredämpfe beinhalten. Diese Bestandteile wirken direkt schädigend auf die oberen und unteren Atemwege sowie die Augen durch Schädigung der Bindehäute. Beispielhaft seien hier Salzsäuredämpfe, nitrose Gase oder auch schweflige Säure genannt,
- Wirkung auf Blut-Nerven und Zellen: insbesondere Kohlenmonoxid (CO) aber auch Blausäurebestandteile im Brandrauch können dazu führen, dass beispielsweise das Hämoglobin im Blut für den Transport von Sauerstoff blockiert wird. Somit ist der Transport von Sauerstoff in die einzelnen Zellen schnell unterbrochen.
- Verbrennungen im Mund-, Nasen-, Rachenraum sowie der Luftröhre und der Lunge durch den heißen Brandrauch.

Wie kann man sich gegen Brandrauch schützen?

Grundsätzlich muss immer gelten, dass bei Auftreten von Brandrauch die betroffenen Räume bzw. das Gebäude unverzüglich verlassen wird. Das Einatmen von Brandrauch muss unbedingt vermieden werden.

Muss aus einem bereits verrauchten Raum geflüchtet werden sollte beachtet werden, dass Brandrauch sich, auf Grund seiner physikalischen Eigenschaften, zunächst an der Decke eines Raumes ansammelt und dann langsam von oben nach unten den Raum füllen wird. Es besteht also auch eine Chance, einen verrauchten Raum am Boden kriechend sicher zu verlassen. Dies kann aber immer nur ein letztes Hilfsmittel sein.

Personen, welche Brandrauch eingeatmet haben, sollten immer ärztlich untersucht werden damit frühzeitig medizinische Gegenmaßnahmen eingeleitet werden können. Erste Hinweise auf eine Rauchgasvergiftung können beispielsweise sein:

- Kopfschmerzen,
- Schwindel,
- Erbrechen,
- Mattigkeit,
- Schmerzen im Bereich des Mund-, Nasen-, Rachenraumes, der Luftröhre, der Lunge und der Augen durch die Reitz- und Ätzwirkung des Brandrauches sowie durch Verbrennungen,
- blaue Haut und Schleimhäute,
- hellrote Hautfarbe bei Kohlenmonoxidvergiftungen,
- Bewusstlosigkeit,
- Krämpfe,
- Atembeschwerden,
- Atemstillstand,
- Kreislaufstillstand.

Im Brandfall müssen vorbereitete Evakuierungsmaßnahmen unverzüglich eingeleitet werden. Nach Verlassen des Gebäudes ist der Sammelplatz aufzusuchen, um die vollständige Gebäudeevakuierung feststellen zu können. Weiterhin kann am Sammelplatz auch die ggf. erforderliche medizinische Hilfe eingeleitet und koordiniert werden.

Im Brandrauch ist ein Überleben ohne geeignete Atemschutzgeräte (den nur die Einsatzkräfte der Feuerwehr haben) nicht möglich.

Ansprechpartner/-in

Sollten Sie zwischenzeitlich weitere Fragen oder Anmerkungen haben, wenden Sie sich gerne jederzeit an:

Erreichbar von bis Erreichbar unter

______________________, den	______________________
(Ort)	(Datum)
______________________	______________________
(Unterschrift Unterweisende/r)	(Unterschrift Unterwiesene/r)

Firma/Einrichtung und Stempel

(vor Inkraftsetzung durch die juristische Abteilung des Hauses zu prüfen)

Betriebsvereinbarung
Rauchverbote und Verbot der Nutzung berauschender Mittel (Cannabis, Drogen und sonstige berauschende Mittel)

Die Geschäftsleitung der Firma

____

vertreten durch

____

und der Betriebsrat dieser Firma, vertreten durch

____

haben folgende Betriebsvereinbarung geschlossen:

Alle Beteiligten sind sich darüber einig, dass Rauchen allgemein die Gesundheit gefährdet. Deshalb gehört es zur selbstverständlichen kollegialen Rücksichtnahme, nichtrauchende Mitarbeiter nicht zu belästigen bzw. Belästigungen so weit wie möglich zu vermeiden. Darüber hinaus gibt es umfangreiche gesetzliche Pflichten, welche die Geschäftsleitung darauf hin verpflichten, den Nichtraucherschutz im Unternehmen in das alltägliche Handeln umzusetzen.

Bezüglich der Legalisierung von Cannabis und der Nutzung von Drogen sowie sonstiger berauschender Mittel besteht Einigkeit über folgende Sachverhalte:

- Es ist allen Beschäftigten bewusst, dass sie sich nicht durch die Einnahme von Cannabis, Drogen oder sonstigen berauschenden Mitteln in einen Zustand versetzen dürfen, durch den sie sich oder andere gefährden könnten.
- Der Dienstantritt muss in drogenfreiem und nüchternem Zustand erfolgen, während der Arbeitszeit ist die Einnahme von Cannabis, Drogen und/oder sonstigen berauschenden Mitteln untersagt.
- Die Geschäftsleitung und alle Vorgesetzen müssen dafür Sorge tragen, dass erkennbar unter Cannabis, Drogen oder sonstigen berauschenden Mitteln stehende Beschäftigte nicht beschäftigt werden.

- Den Beschäftigten ist bewusst, dass der eigene Versicherungsschutz für diese infrage stehen kann, wenn es zu Unfällen oder anderen Schadensereignissen unter Einfluss von Cannabis, Drogen oder sonstigen berauschenden Mitteln kommt und diese dafür verantwortlich sind.
- Den Beschäftigten ist bewusst, dass diese ggf. persönlich in Haftung genommen werden können, wenn sie unter dem Einfluss von Cannabis, Drogen oder sonstigen berauschenden Mitteln Unfälle oder andere Schadensereignisse verursacht haben.

Im gesamten Unternehmen besteht grundsätzlich ein Rauchverbot. Ausnahme hiervon bilden die besonders ausgewiesenen Raucherbereiche. Definierte Brandschutzvorgaben in diesen Bereichen sind zwingend einzuhalten.

Soweit Raucherpausen eingeräumt werden können, ist allen Beteiligten bewusst, dass laufende Arbeitsprozesse nicht unterbrochen werden dürfen und die Pause nicht auf die Arbeitszeit angerechnet werden kann.

Von dieser Betriebsvereinbarung bleiben zwingende Rauchverbote aus anderen Vorschriften unberührt.

Die Betriebsvereinbarung tritt mit dem Tage der Unterzeichnung in Kraft. Sie kann mit einer Frist von drei Monaten gekündigt werden.

____

Ort, Datum

____

Geschäftsleitung　　　　　　Betriebsrat

BRANDSCHUTZPRÜFUNG

Checkliste

Feuer- und/oder Rauchschutzabschlüsse

Firma/Einrichtung und Stempel

Firma/Einrichtung: ______________________________

Name des Prüfers: ______________________________

Ort/Datum: ______________________________, den ______________

Nr.	Prüffragen	geprüft		Maßnahmen bis wann
		Ja	Nein	
1.	Liegt für jeden Feuer- und/oder Rauchschutzabschluss eine schriftliche Einbauanleitung und die baurechtliche Zulassung/Leistungsbeschreibung vom Hersteller vor?	☐	☐	
2.	Werden Einstellarbeiten (z. B. Schließzeiten) sowie ggf. durch den Hersteller freigegebene Änderungen nur wie vom Hersteller in der Einbauanleitung beschrieben ausgeführt?	☐	☐	
3.	Ist die Kennzeichnung der Feuer- und/oder Rauchschutzabschlüsse dauerhaft lesbar?	☐	☐	
4.	Erfolgte der Einbau des Feuer- und/oder Rauchschutzabschlusses nur in Wände und Bauteile, deren Art und Beschaffenheit, Ausführung und Mindestdicken vom Hersteller wie nachgewiesen in der Einbauanleitung dokumentiert und zeichnerisch dargestellt?	☐	☐	
5.	Wurden bei nicht bodengleicher Einbaulage des Feuer- und/oder Rauchschutzabschlusses in der Wand die Vorgaben der Einbauanleitung des Herstellers für diesen Anwendungsfall eingehalten?	☐	☐	
6.	Erfolgte die Befestigung nur in der Befestigungsart, mit den Befestigungsmitteln und nach den Verwendungsvorgaben wie nachgewiesen und vom Hersteller in der Einbauanleitung dokumentiert und zeichnerisch dargestellt?	☐	☐	
7.	Wurde, falls notwendig, die Hinterfüllung der Zarge und die Kombination von Hinterfüllung, Wand und Zarge nur wie nachgewiesen und vom Hersteller in der Einbauanleitung dokumentiert und zeichnerisch dargestellt, ausgeführt?	☐	☐	
8.	Ist das funktionsgerechte Zusammenspiel aller Teile unter Berücksichtigung der Spaltmaße vom Hersteller wie nachgewiesen dokumentiert und in der Einbauanleitung zeichnerisch dargestellt?	☐	☐	
9.	Wurden die vom Hersteller in der Einbauanleitung angegebenen Einbautoleranzen und minimal und maximal zulässigen Spaltmaße eingehalten?	☐	☐	

Nr.	Prüffragen	geprüft		Maßnahmen bis wann
		Ja	Nein	
10.	Erfolgte der Einbau/die Montage von ggf. aus Transportgründen getrennt angelieferten Komponenten und lose mitgelieferten Teilen nur wie vom Hersteller in der Einbauanleitung dokumentiert und zeichnerisch dargestellt?	☐	☐	
11.	Ist die Zuordnung von getrennt angelieferten Komponenten und lose mitgelieferten Teilen zum zugehörigen Feuer- und/oder Rauchschutzabschluss eindeutig sichergestellt?	☐	☐	
12.	Werden Feststellanlagen nur wie nachgewiesen und vom Hersteller in der Einbauanleitung dokumentiert sowie nach ihrem Verwendbarkeitsnachweis eingebaut und installiert?	☐	☐	
13.	Liegt eine Bestätigung der Einbaufirma (Errichterbestätigung) vor, mit der bestätigt wird, dass der Feuer- und/oder Rauchschutzabschluss hinsichtlich aller Einzelheiten fachgerecht und nach der Einbauanleitung, die der Hersteller mitgeliefert hat, eingebaut wurde?	☐	☐	
14.	Wird zu jedem Feuer- und/oder Rauchschutzabschluss vom Hersteller eine schriftliche Wartungsanleitung mitgeliefert? Hinweis: Aus der Wartungsanleitung muss ersichtlich sein, welche Arbeiten (auch die Reihenfolge der Arbeiten) in welchen Intervallen (jedoch mindestens jährlich) auszuführen sind, damit sichergestellt ist, dass der eingebaute Feuer- und/oder Rauchschutzabschluss auch nach längerer Nutzung seine Leistungseigenschaften beibehält.	☐	☐	
15.	Sind in der Wartungsanleitung mindestens folgende Angaben aufgeführt?			
	• Inspektion und Betätigung der Tür/des Tores oder des zu öffnenden Fensters, um sicherzustellen, dass die Funktion aller Bauteile gegeben ist	☐	☐	
	• Sicherstellen, dass die Schließbleche für die Schlösser/Fallen frei von Hindernissen sind	☐	☐	
	• Prüfung daraufhin, dass die Schließzeit der Tür/des Tores so gesteuert ist, dass sie innerhalb der in den Anweisungen des Herstellers angegebenen Grenzwerten liegt	☐	☐	
	• die Selbstschließung muss von einem Öffnungswinkel von mindestens 10° an (30°, wenn Türschließmittel mit unkontrolliertem Schließablauf angewendet werden) ablaufen, wobei jegliche vorhandenen Fallen einrasten und/oder Dichtungen angelegt werden	☐	☐	
	• Prüfung daraufhin, dass alle Bauteile sicher angebracht sind und dass sämtliche Abdichtungen weiterhin unbeschädigt sind	☐	☐	
16.	Wird die Wartung des Feuer- und/oder Rauchschutzabschlusses nach den Vorgaben des Herstellers durchgeführt und schriftlich dokumentiert?	☐	☐	

Datum, Unterschrift des Prüfers ________________________________

Checkliste

Brandmelde-/Alarmierungsanlagen

Firma/Einrichtung und Stempel

Firma/Einrichtung: ______________________________

Name des Prüfers: ______________________________

Ort/Datum: ______________________________ , den ______________

Nr.	Prüffragen	geprüft		Maßnahmen bis wann
		Ja	Nein	
ASR A2.2				
1.	Können Beschäftigte im Brandfall unverzüglich gewarnt und zum Verlassen von Gebäuden/Gefahrenbereich aufgefordert werden?	☐	☐	
2.	Wird die Möglichkeit zur Alarmierung von Hilfs- und Rettungskräften gewährleistet?	☐	☐	
3.	Können Brände durch geeignete Brandmelder erkannt und gemeldet werden?	☐	☐	
4.	Werden folgende geeignete Maßnahmen zur Alarmierung von Personen eingesetzt?			
	• Brandmeldeanlagen (BMA) mit Sprachalarmanlagen (SAA)	☐	☐	
	• akustische Signalgeber (z. B. Sirenen)	☐	☐	
	• Hausalarmanlagen	☐	☐	
	• Elektroakustische Notfallwarnsysteme	☐	☐	
	• optische Alarmierungsmittel	☐	☐	
	• Telefonanlagen	☐	☐	
	• Megaphone	☐	☐	
	• Handsirenen	☐	☐	
	• Zuruf durch Personen	☐	☐	
	• personenbezogene Warneinrichtungen	☐	☐	
5.	Werden technische Maßnahmen vorrangig umgesetzt? Hinweis: Automatische Brandmelde- und Alarmierungsanlagen sind zu bevorzugen. Die Notwendigkeit von technischen Alarmierungsanlagen ergibt sich aus der Gefährdungsbeurteilung oder aus Auflagen von Behörden.	☐	☐	
ArbStättV				
6.	Ist die Arbeitsstätte mit Brandmeldern/Alarmanlagen – falls erforderlich – ausgestattet?	☐	☐	
7.	Werden die Brandmeldeeinrichtungen instandgehalten und in regelmäßigen Abständen auf ihre Funktionsfähigkeit geprüft?	☐	☐	
8.	Werden in regelmäßigen Abständen geeignete Versuche und Übungen an Brandmelde- und Alarmanlagen durchgeführt?	☐	☐	

DIN 14675-1				
9.	Ist der Einsatz einer Brandmelde-/Sprachanlage (BMA/SAA) mit den Maßnahmen des vorbeugenden und des abwehrenden Brandschutzes Bestandteil des Brandschutzkonzepts für ein Gebäude?	☐	☐	
10.	Wurden mit den zuständigen Stellen die Alarmarten und Alarmierungseinrichtungen festgelegt (Notfallorganisation/Sicherheitskonzept)?	☐	☐	
11.	Wird mindestens für jede Meldergruppe eine Feuerwehr-Laufkarte bereitgehalten?	☐	☐	
12.	Sind die Feuerwehr-Laufkarten gut lesbar und übersichtlich aufgebaut?	☐	☐	
13.	Werden die Feuerwehr-Laufkarten griffbereit an der BMZ/Erstinformationsstelle in einem gegen unberechtigten Zugriff gesicherten Depot aufbewahrt? Hinweis: Eine zusätzliche digitale Bereitstellung der Feuerwehr-Laufkarten ist zulässig.	☐	☐	
14.	Wurde das Depot mit einem Hinweisschild gekennzeichnet?	☐	☐	
15.	Werden die Alarmorganisation fortgeschrieben sowie Feuerwehr-Laufkarten aktuell gehalten?	☐	☐	
16.	Ist aus der Gebäudeübersicht der Weg von der BMZ bzw. Anzeige- und Bedieneinrichtung bis zur ausgelösten Meldergruppe mit einem grünen Pfeil erkennbar?	☐	☐	
17.	Falls Anzeigeneinrichtungen als Erstinformation für die Feuerwehr genutzt werden, wird ein Feuerwehr-Anzeigetableau eingesetzt?	☐	☐	
18.	Sind die Lichtverhältnisse so, dass die Beschriftungen und optischen Anzeigen gesehen und gelesen werden können?	☐	☐	
19.	Ist sichergestellt, dass die akustischen Anzeigen der BMZ nicht durch Hintergrundgeräusche beeinträchtigt werden?	☐	☐	
20.	Wird der Aufstellungsort der BMZ durch die BMA überwacht?	☐	☐	
21.	Ist bei BMA mit Alarmweiterleitung an die Feuerwehr ein Feuerwehr-Bedienfeld (FBF) und ein Feuerwehr-Anzeigentableau vorgesehen?	☐	☐	
22.	Sind die automatischen Brandmelder und Handfeuermelder eindeutig erkennbar?	☐	☐	
23.	Wird bei jeder Änderung im Gebäude geprüft, ob diese technische oder dokumentationsrelevante Auswirkungen auf die BMA haben?	☐	☐	
24.	Wird der ordnungsgemäße Betrieb der BMA im Zuge der Begehung sichergestellt?	☐	☐	
25.	Wurde eine eingewiesene Person für die BMA benannt?	☐	☐	
26.	Hat die eingewiesene Person bei Inbetriebsetzung der BMA eine Unterweisung in die zuständigen Aufgaben und eine praktische Einweisung in deren Bedienung erhalten?	☐	☐	
27.	Wurde die praktische Einweisung und die Unterweisung schriftlich dokumentiert?	☐	☐	

28.	Ist sichergestellt, dass die eingewiesene Person über die gesamte Betriebsdauer der BMA, unter Berücksichtigung eventueller Änderungen und Anpassungen, kontinuierlich und aktuell ausgebildet wird?	☐	☐	
29.	Wurde, falls die Begehung nach DIN VDE 0833-1 nicht an einen Instandhalter übertragen wurde, eine sachkundige Person benannt? Hinweis: Die Vorgaben an die kontinuierliche Ausbildung, wie für die eingewiesene Person, gelten entsprechend.	☐	☐	
30.	Ist sichergestellt, dass durch den Instandhalter die Inspektions- und Wartungsarbeiten entsprechend den vorgegebenen Zeitabständen nach DIN VDE 0833-1 durchgeführt werden?	☐	☐	
31.	Ist sichergestellt, dass in Zeitabständen von höchstens drei Jahren die funktionale Kette der Brandfallsteuerung von einem der Brandfallsteuerung zugeordneten Alarm gebenden Brandmelder bis zur gesteuerten Einrichtung überprüft und dokumentiert wird?	☐	☐	
32.	Ist sichergestellt, dass bei Abschaltung der Ansteuereinrichtung bei Inspektions- und Wartungsarbeiten Maßnahmen greifen, die die Weiterleitung eines Alarms im Brandfall während dieser Arbeiten sicherstellen?	☐	☐	
33.	Existieren bei Abschaltungen und vorsorglich für den Störungsfall der BMA geeignete Maßnahmen zur Aufrechterhaltung der Anforderungen aufgrund der Schutzziele?	☐	☐	
34.	Wird die Instandsetzung der BMA durchgeführt?	☐	☐	
35.	Werden weitergehende Maßnahmen, wie Sicherheitswachen, je nach Gebäudenutzung (z. B. bei Personengefährdung) festgelegt?	☐	☐	
36.	Wird die BMA spätestens 72 h nach Kenntnis des Störungszustands wieder in den Sollzustand versetzt? Hinweis: Bei Ereignissen, bei denen der überwiegende Teil der Anlage beschädigt wurde, kann von dieser Festlegung abgewichen werden.	☐	☐	
37.	Wird die Aktivierung der Ersatzmaßnahmen im Störungsfall unverzüglich zwischen Betreiber und Instandhalter abgestimmt und eingeleitet?	☐	☐	
38.	Wird die Dokumentation der Ersatzmaßnahmen während einer Störung zur Aufrechterhaltung der Anforderungen aus dem Brandmelde- und Alarmierungskonzept aufgrund des Schutzziels an der Erstinformationsstelle der Feuerwehr hinterlegt?	☐	☐	
39.	Erfolgt zur Sicherstellung des ordnungsgemäßen Betriebs einer BMA ein regelmäßiger Austausch von automatischen Meldern, insbesondere Meldern mit optischer Messkammer? Hinweis: Siehe Herstellerangaben und Dokumentation im Betriebsbuch	☐	☐	

DIN VDE 0833-2				
40.	Werden die Herstellerangaben beachtet?	☐	☐	
41.	Werden nur anlageneigene Meldungen und Informationen verarbeitet?	☐	☐	
42.	Werden die verschiedenen Übertragungswege überwacht und sind verfügbar?	☐	☐	
43.	Ist sichergestellt, dass Meldungen und Informationen von anderen Anlagen, die über die Übertragungswege der Brandmeldeanlage (BMA) übertragen werden, nicht die Funktion der BMA beeinträchtigen? Hinweis: Ggf. zweite Übertragungsmöglichkeit vorsehen.	☐	☐	
44.	Ist sichergestellt, dass die Dauerbetätigung eines Handfeuermelders oder die Dauerauslösung eines automatischen Brandmelders nicht zur selbsttätigen Alarmwiederholung führt?	☐	☐	
45.	Besteht ein qualifiziertes Brandmelde- und Alarmierungskonzept und wird dieses dokumentiert und fortgeschrieben?	☐	☐	
46.	Wurde in einem Sicherungskonzept die Alarmorganisation mit den erforderlichen Maßnahmen festgelegt?	☐	☐	
47.	Werden Störungsmeldungen unverzüglich an die vorgesehene, ständig besetzte beauftragte Stelle weitergeleitet?	☐	☐	
48.	Erreicht der Internalarm alle Personen im Alarmierungsbereich? Hinweis: Es ist zu berücksichtigen, dass jeder Alarmierungsbereich akustisch und ggf. zusätzlich optisch alarmiert wird.	☐	☐	
49.	Unterscheiden sich die Alarmierungssignale von betrieblichen Signalen? Hinweis: In Einrichtungen für Personen mit Pflegebedürftigkeit oder Behinderung muss sich die Alarmierung ggf. von sonst genutzten Alarmierungen unterscheiden.	☐	☐	
50.	Werden Alarmierungseinrichtungen entsprechend der Alarmorganisation angesteuert?	☐	☐	
51.	Sind die Signalgeber zusätzlich mit der Aufschrift „Brandalarm“ gekennzeichnet, um ggf. Verwechslungen zu vermeiden?	☐	☐	
52.	Sind Handfeuermelder			
	• gut sichtbar angebracht?	☐	☐	
	• frei zugänglich?	☐	☐	
	• im Bedarfsfall durch ein zusätzliches Hinweisschild gekennzeichnet?	☐	☐	
	• so angebracht, dass der Druckknopf 1,4 m bzw. (bei behindertengerechten Gebäuden 1,2 m) über der Standfläche ist?	☐	☐	
	• so angebracht, dass diese mindestens 15 mm aus der umgebenden Fläche herausragen?	☐	☐	
	• ausreichend durch Tageslicht oder einer anderen Lichtquelle beleuchtet?	☐	☐	
	• in den Flucht- und Rettungswegen angeordnet (zumindest an den Ausgängen ins Freie)?	☐	☐	

53.	Sind die Handfeuermelder von der Anzahl und vom Anbringungsort so angeordnet, dass eine Person < 50 m zum nächsten Handfeuermelder zurücklegen muss?	☐	☐	
54.	Ist eine Außerbetriebsetzung von Handfeuermeldern mit einem Hinweis gekennzeichnet und das Betätigungselement nicht mehr sichtbar?	☐	☐	
55.	Sind die automatischen Brandmelder so angebracht, dass die Brandkenngröße diese ungehindert erreichen kann?	☐	☐	
56.	Sind die automatischen Brandmelder so angeordnet, dass Täuschungsalarme vermieden werden?	☐	☐	
57.	Sind in jedem Raum des Sicherungsbereichs mind. ein automatischer Brandmelder angeordnet?	☐	☐	
58.	Werden in Bereichen, wo akustische Signale unwirksam sind, als Ergänzung auch optische und/oder fühlbare Signale verwendet?	☐	☐	
59.	Wird ein Betriebsbuch geführt? Hinweis: Es ist in unmittelbarer Nähe der BMZ eine Vorrichtung zur Aufnahme des Betriebsbuchs anzubringen.	☐	☐	
60.	Werden nicht mehr genutzte Betriebsbücher noch fünf Jahre aufbewahrt?	☐	☐	
61.	Werden Störungen innerhalb von 24 h nach Meldung beseitigt?	☐	☐	
62.	Wird nach Instandsetzungsarbeiten eine Funktionsprüfung durchgeführt und dokumentiert?	☐	☐	
63.	Wird regelmäßig geprüft, ob der freie Raum um die Melder eingehalten wird? Hinweis: Es dürfen sich weder Einrichtungen noch Lagergut innerhalb eines Abstands von > 0,5 m vom Melder befinden.	☐	☐	
64.	Wird regelmäßig geprüft, ob die Räume, die nicht in die Überwachung einbezogen sein müssen, z. B. hinsichtlich ihrer Brandlast weiterhin unbedenklich sind?	☐	☐	
65.	Wird in Fällen, in denen eine Anlage oder Teile einer Anlage abgeschaltet werden, so lange für eine Ersatzmaßnahme der betroffenen Bereiche gesorgt?	☐	☐	
66.	Wurden Maßnahmen getroffen, um die Zeit der Abschaltung so kurz wie möglich zu halten?	☐	☐	
67.	Wurden zur Vermeidung von Falschalarmen bei außergewöhnlichen betrieblichen Vorgängen besondere Vorkehrungen getroffen?	☐	☐	
68.	Werden vor Wiederinbetriebnahme ausgelöster oder abgeschalteter Melder oder Meldergruppen die betroffenen Räume auf mögliche, die Brandmeldeanlage beeinflussenden Kenngrößen und die darin betriebenen Melder auf ihre Betriebsbereitschaft überprüft?	☐	☐	
69.	Werden bei Änderungen und/oder Erweiterungen von Anlagenteilen die Dokumentation aktualisiert? Hinweis: Darunter fallen u. a. Installationsplan, Meldergruppenverzeichnis, Liste der Anlagenteile, Blockdiagramm, Brandfallsteuermatrix, Bescheinigungen, Anlagenidentifizierung, Prüfplan	☐	☐	

Prüfung allgemein				
70.	Enthält der Prüfplan für BMA mind. folgende Hinweise und Mindestanforderungen?			
	• Hinweise für den Beginn und Umfang der Instandhaltungsarbeiten	☐	☐	
	• Hinweise für den Abschluss von externen Steuerungen	☐	☐	
	Hinweis: Prüfplan für Sprachalarmierungsanlagen siehe DIN VDE 0833-4.			
Inspektion				
71.	Folgende Prüfungen sollten durchgeführt und im Prüfplan dokumentiert werden:			
	• Energieversorgung (Funktion Netzausfall prüfen, Belastungsprüfung der Batterien nach Herstellerangaben, Überprüfung der Batterieladespannung an den Batterieklemmen, Funktion Batterieausfall prüfen)	☐	☐	
	• Melder (Übertragungswege auf bestimmungsgemäße Funktion, Prüfung der Handfeuermelder + automatischen Brandmeldern)	☐	☐	
	• Funktionsprüfung (alle optischen und akustischen Alarmierungseinrichtungen, zusätzliche Peripheriegeräte, Ansteuereinrichtungen von Übertragungseinrichtung für Fernalarm + für die Störungsweiterleitung, Steuereinrichtungen für Brandfallsteuerungen und Betriebseinrichtungen)	☐	☐	
Wartung				
72.	Die Wartung sollte mindestens enthalten:			
	• Pflege und Reinigung von Anlagenteilen	☐	☐	
	• Auswechseln von Komponenten mit begrenzter Lebensdauer nach Ablauf der Nutzungsdauer	☐	☐	
	• Justieren, Neueinstellen, Abgleichen von Bauteilen und Geräten	☐	☐	
	• Feuerwehr-Schlüsseldepot: alle Funktionen prüfen, einschließlich der Entnahme der Objektschlüssel	☐	☐	

Datum, Unterschrift des Prüfers: ______________________________

Checkliste

Blitz- und Überspannungsschutz

Firma/Einrichtung und Stempel

Firma/Einrichtung: ______________________________

Name des Prüfers: ______________________________

Ort/Datum: ______________________________ ,den ______________

Nr.	Prüffragen	geprüft		Maßnahmen bis wann
		Ja	Nein	
1.	Ist eine Blitzschutzanlage vorhanden?	☐	☐	
2.	Ergeben sich aus den Landesbauordnungen und den daraus resultierenden Verordnungen Anforderungen, dass Blitzschutzmaßnahmen zu treffen sind, z. B. bei Sonderbauten oder besonderer Nutzung? Hinweis: Bei Sonderbauten handelt es sich um Versammlungsstätten, Verkaufsstätten, Beherbergungsstätten, Hochhäuser, Krankenhäuser, Garagen und Betriebsräume für elektrische Anlagen. Bereits beim Stellen eines Bauantrags hat der Bauherr/Betreiber des Gebäudes zu berücksichtigen, ob z. B. gemäß Bauordnungsrecht, der BetrSichV oder den TRBS er gesetzlich dazu verpflichtet ist, ein Blitzschutzsystem zu errichten oder ob er aus eigenen Erwägungen Blitzschutzmaßnahmen vorsieht. Generell ist immer auch der Brandschutznachweis bzw. das Brandschutzkonzept, die Gefährdungsbeurteilung oder die Baugenehmigung, zu beachten. Weiterhin werden insbesondere für sicherheitstechnische Anlagen und Einrichtungen (Brandmeldeanlagen, Sicherheitsstromversorgungen, Sicherheitsbeleuchtungen etc.) sowie bei PV-Anlagen, in den SBauVO der Länder, der VDE 0100, den Technischen Baubestimmungen sowie in der DIN VDE 0833-2, Maßnahmen gegen Schutz von Überspannung gefordert.	☐	☐	
3.	Ist die Blitzschutzanlage unbeschädigt?	☐	☐	
4.	Wurde die Notwendigkeit und das Ausmaß von Blitzschutzmaßnahmen durch eine Risikoanalyse nach DIN EN 62305-2 (VDE 0185-305-2) überprüft bzw. ermittelt? Hinweis: Zur Drucklegung gab es einen Entwurf zur DIN IEC 62305-1:2022-04.	☐	☐	
5.	Wurden bei der Installation eines Blitzschutzsystems Folgendes berücksichtigt?			
	• Fangeinrichtung (Maschenweiten)	☐	☐	
	• Ableitung (Ableitungsabstände)	☐	☐	
	• Einhaltung von Trennungsabständen	☐	☐	
	• Erdung	☐	☐	
	• Blitzschutz-Potenzialausgleich (Beschaltung aller ein-/ausgeführten Versorgungsleitungen am Gebäude Ein-/Austritt)	☐	☐	
6.	Wurden neben den äußeren Schutzmaßnahmen (Fangeinrichtung, Ableitung, Erdungsanlage) auch Schutzmaßnahmen für Güter (materielle Werte) und Grundinstallationen (elektrisch und informativ) in den jeweiligen Objekten (innerer Blitzschutz) durchgeführt?	☐	☐	

Nr.	Prüffragen	geprüft		Maßnahmen bis wann
		Ja	Nein	
7.	Ist die Funktion einer automatischen Brandmeldeanlage auch im Falle eines Blitzeinschlags gegeben? Hinweis: Dies setzt das Vorhandensein von geeigneten Überspannungsschutzmaßnahmen voraus. Fehlen diese, ist die Wirksamkeit nicht gegeben.	☐	☐	
8.	Wird bei der Auswahl der Überspannungsschutzgeräte und deren fachgerechtem Einsatz die Norm DIN VDE 0100-534 angewendet?	☐	☐	
9	Ist eine Blitzschutzfachkraft benannt?	☐	☐	
10.	Werden die behördlichen Auflagen oder Verordnungen mit Prüffristen berücksichtigt? Hinweis: Diese gelten als Mindestanforderungen. Die Prüffristen sollen zwischen den Wiederholungsprüfungen liegen. Altanlagen sind sinngemäß einer Blitzschutzklasse zuzuordnen.	☐	☐	
11.	Finden regelmäßig Wiederholungsprüfungen statt? Hinweis: Der erste Schritt der Besichtigung besteht in der Überprüfung der Nutzungsart und der vorhandenen Bestandsunterlagen (Zeichnung, Anlagenbeschreibung, letzter Prüfungsbericht). Es ist festzustellen und ggf. durch örtliche Besichtigung zu überprüfen, ob z. B. am oder im Gebäude bauliche Veränderungen oder Erweiterungen vorgenommen wurden bzw. die Ausführung der Blitzschutzanlage noch der vorgefundenen Nutzung entspricht.	☐	☐	
12.	Erfolgt eine regelmäßige Sichtkontrolle sowie ereignisbezogene Kontrollen, z. B. nach einem Sturm?	☐	☐	
13.	Wird bei der regelmäßigen Prüfung der elektrischen Anlage des Gebäudes gleichzeitig die Funktionsfähigkeit der Maßnahmen des Inneren Blitzschutzes insbesondere des Blitzschutz-Potenzialausgleichs mitgeprüft?	☐	☐	
14.	Wird die Blitzschutzanlage regelmäßig überprüft?	☐	☐	
15.	Sämtliche Prüfbescheinigungen/Mängelberichte (Prüfbuch/Prüfungsheft) liegen vor?	☐	☐	

Datum, Unterschrift des Prüfers: ______________________________

Tabelle E.2 – Größter Zeitabstand zwischen Prüfungen eines Blitzschutzsystems

Schutzklasse	Sichtprüfung Jahr	Umfassende Prüfung Jahr	Umfassende Prüfung bei kritischen Situationen[a, b] Jahr
I und II	1	2	1
III und IV	2	4	1

[a] Blitzschutzanlagen für explosionsgefährdete bauliche Anlagen sollten alle 6 Monate einer Sichtprüfung unterzogen werden. Der elektrische Test der Installationen sollte einmal im Jahr ausgeführt werden. Eine akzeptable Abweichung von diesem jährlichen Prüfplan wäre es, die Tests alle 14 bis 15 Monate dort durchzuführen, wo es sinnvoll erscheint, die die Messung des Erdwiderstands zu unterschiedlichen Zeiten des Jahres durchzuführen, um so einen Hinweis auf jahreszeitbedingte Veränderungen zu bekommen.

[b] Kritische Situationen könnten sich auf bauliche Anlagen beziehen, die sensible Systeme beinhalten, oder auf Bürogebäude, Geschäftshäuser oder Plätze, wo sich eine größere Anzahl von Personen aufhalten kann.

Quelle: angelehnt an DIN EN 62305-3

Checkliste

Brand- und Rauchschutztüren

Firma/Einrichtung und Stempel

Firma/Einrichtung: ______________________________

Name des Prüfers: ______________________________

Ort/Datum: ______________________________ , den ______________

Nr.	Prüffragen	geprüft		Maßnahmen bis wann
		Ja	Nein	
1.	Hat die Tür die passenden Brandschutzeigenschaften je nach Einsatzort?	☐	☐	
2.	Ist ein Typenschild vorhanden?	☐	☐	
3.	Ist das Typenschild gut lesbar?	☐	☐	
4.	Wurde das Typenschild überstrichen?	☐	☐	
5.	Entspricht die Tür den bauordnungsrechtlichen Vorgaben aus der Baugenehmigung und/oder dem Brandschutzkonzept?	☐	☐	
6.	Sind weitere Anforderungen als Prüfgrundlage vorhanden? Hinweis: DIN 4102-5 / DIN 18095 / DIN 18093 / DIN EN 13501 / EN 16034	☐	☐	
7.	Besitzt die Tür eine Panikfunktion?	☐	☐	
8.	Ist eine Feststellanlage vorhanden?	☐	☐	
9.	Ist die Feststellanlage gemäß den Herstellerangaben befestigt?	☐	☐	
10.	Ist die Feststellanlage an die BMA gekoppelt oder mit einem eigenen Raucherkennungselement ausgestattet?	☐	☐	
11.	Sind Funktion und Wirksamkeit der Feststellanlage sichergestellt?	☐	☐	
12.	Ist ein selbsttätiges Schließen der Tür sichergestellt?	☐	☐	
13.	Wurde die Tür aufgekeilt oder anderweitig offen gehalten?	☐	☐	
14.	Sind offensichtliche Beschädigungen an der Tür vorhanden?	☐	☐	
15.	Ist ein Verschleiß an dem Schließmittel (Obertürschließer) festzustellen?	☐	☐	
16.	Ist ein Verschleiß an den Türbändern festzustellen?	☐	☐	
17.	Ist das Dichtungsprofil beschädigt (porös, fehlt etc.)?	☐	☐	
18.	Befindet sich ein geeigneter (nach Herstellerangaben zugelassener) Zylinder in der Tür?	☐	☐	
19.	Besitzt die Tür eine geeignete brandschutztechnische Verglasung (F-Verglasung, G-Verglasung)?	☐	☐	

Nr.	Prüffragen	geprüft		Maßnahmen bis wann
		Ja	Nein	
20.	Funktioniert die Schließfolgeregelung bei 2-flügeligen Türen?	☐	☐	
21.	Ist eine 4-seitige Dichtigkeit bei Rauchschutztüren sichergestellt (z. B. absenkbare Bodendichtung)?	☐	☐	
22.	Verlaufen brennbare Baustoffe/Materialien unterhalb der Tür?	☐	☐	
23.	Verlaufen nicht geschottete Leitungen oberhalb, unterhalb oder seitlich der Tür?	☐	☐	
24.	Sind weitere Beschädigungen im umliegenden Bauteil (Decke/Wand) zu erkennen?	☐	☐	
25.	Wurde die Tür in eine zulässige Wand eingebaut?	☐	☐	
26.	Wurden Dübellaschen verputzt?	☐	☐	
27.	Wurde der Zargenhohlraum ordnungsgemäß gefüllt?	☐	☐	
28.	Wurden nicht zulässige Änderungen vorgenommen?	☐	☐	
29.	Ist eine Prüfplakette an der Tür vorhanden?	☐	☐	
30.	Wann war die letzte Prüfung der Tür und von wem wurde diese durchgeführt?	☐	☐	
31.	Wann ist die nächste Prüfung/Wartung fällig?	☐	☐	

Datum, Unterschrift des Prüfers: ______________________________

Checkliste

Instandhaltung von tragbaren Feuerlöschern

Firma/Einrichtung und Stempel

Firma/Einrichtung: ______________________________

Name des Prüfers: ______________________________

Ort/Datum: ______________________________ , den ____________

Nr.	Prüffragen	geprüft		Maßnahmen bis wann
		Ja	Nein	
Instandhaltung nach DIN 14406-1				
1.	Werden Feuerlöscheinrichtungen instand gehalten und in regelmäßigen Abständen auf ihre Funktionsfähigkeit überprüft? Hinweis: Maßnahmen der Instandhaltung nach DIN14406-4 dienen dem Erhalt der Funktionsfähigkeit von Feuerlöschern bzw. der Rückführung in diesen und erfüllen somit die Anforderungen der ArbStättV.	☐	☐	
2.	Werden Feuerlöscher durch Fachkundige zur Sicherstellung der Funktionsfähigkeit alle zwei Jahre gewartet? Hinweis: Als Fachkundige gelten nach ASR A2.2 Sachkundige nach DIN 14406-4.	☐	☐	
3.	Werden die Fristen für die Instandhaltung vom Arbeitgeber/Betreiber festgelegt? Hinweis: Werden vom Hersteller oder durch Rechtsvorschriften keine kürzeren Fristen vorgeschrieben, so ist zur Erfüllung des Regelfalls die nach ASR A2.2 und DIN 14406-4 festgelegte Frist von höchstens zwei Jahren anzuwenden.	☐	☐	
Prüfung nach BetrSichV				
4.	Wird durch den Arbeitgeber dafür gesorgt, dass bei bestimmungsgemäßer Benutzung von Feuerlöschern die Sicherheit und der Gesundheitsschutz gewährleistet werden? Hinweis: Zur Erfüllung dieser Anforderungen werden für Arbeitsmittel (siehe § 14 BetrSichV) und für überwachungsbedürftige Anlagen (siehe § 16 BetrSichV) regelmäßige wiederkehrende Prüfungen gefordert.	☐	☐	
5.	Werden für tragbare Feuerlöscher die zusätzlichen Vorschriften für überwachungsbedürftige Anlagen berücksichtigt?	☐	☐	
6.	Hat der Arbeitgeber auf Basis einer Gefährdungsbeurteilung Prüfart, -umfang und -fristen festgelegt? Hinweis: siehe BetrSichV, Anhang 2, Abschnitt 4	☐	☐	
7.	Wird mit der Prüfung nur eine Zugelassene Überwachungsstelle (ZÜS) oder zur Prüfung befähigte Person beauftragt? Hinweis: Die Anforderungen an die zur Prüfung befähigten Personen sind in § 2 (6) und Anhang 2, Abschnitt 4, Ziffer 3 der BetrSichV sowie in der TRBS 1203 festgelegt.	☐	☐	
Sachkundige und zur Prüfung befähigte Personen				
8.	Werden Sachkundige nach DIN 14406-4 schriftlich benannt und legitimiert?	☐	☐	

Nr.	Prüffragen	geprüft Ja	geprüft Nein	Maßnahmen bis wann
9.	Hat der Sachkundige einen Fachlehrgang absolviert und aktualisiert regelmäßig den Kenntnisstand?	☐	☐	
10.	Wurde eine zur Prüfung befähigte Person zur Prüfung von Feuerlöschern nach BetrSichV schriftlich beauftragt und bestellt? Hinweis: Zur Prüfung befähigte Personen, die mit der Prüfung von Feuerlöschern beauftragt werden, sollten als Sachkundige nach DIN14406-4 ausgebildet sein.	☐	☐	
11.	Hat der Arbeitgeber die Eignung der zur Prüfung befähigten Person festgestellt?	☐	☐	
Dokumentation				
12.	Werden bei der Prüfung festgestellte Mängel dokumentiert?	☐	☐	
13.	Werden festgestellte Mängel durch eine Instandsetzung beseitigt? Hinweis: Ist eine Mängelbeseitigung nicht möglich, so ist eine Gefährdung der Beschäftigten unter Berücksichtigung von § 5 BetrSichV wirksam zu verhindern.	☐	☐	
14.	Wurde bei einer Instandhaltung nach DIN 14406-4 ein Instandhaltungsnachweis auf dem Feuerlöscher angebracht?	☐	☐	
15.	Hat der Arbeitgeber nach § 17 BetrSichV dafür gesorgt, dass das Ergebnis der Prüfung nach § 16 BetrSichV durch eine zur Prüfung befähigte Person aufgezeichnet wird?	☐	☐	
16.	Wurde bei Prüfungen durch eine ZÜS eine Prüfbescheinigung ausgestellt?	☐	☐	

Datum, Unterschrift des Prüfers: ______________________________

Arten	Wiederkehrende Prüfung nach § 16 BetrsSichV i. V. . Anhang 2, Tab. 12, Nr. 7.10 BetrsSichV						Höchstfristen Instandhaltung nach DIN 14406-4	
	Innere Prüfung			Festigkeitsprüfung				
	Höchstfrist[a]	Sonderregelung	Zuständigkeit[b]	Höchstfrist[a]	Sonderregelung	Zuständigkeit[b]	Instandhaltung	Innenkontrolle
Pulver-Aufladefeuerlöscher	5 Jahre[i]	Nur bei Nachfüllung[c]	bP	10 Jahre	kann entfallen[d]	bP	2 Jahre	2 Jahre
Pulver-Dauerdruckfeuerlöscher	5 Jahre[i]	keine	bP	10 Jahre	kann entfallen[d]	bP	3 Jahre	4 Jahre
Kohlendioxid-Feuerlöscher bis 2 kg[h]	5 Jahre[i]	Nur bei Nachfüllung[c]	ZÜS[f]	10 Jahre[g]	nur bei Nachfüllung[c,g]	ZÜS[f]	4 Jahre	enfällt
Kohlendioxid-Feuerlöscher ab 5 kg[h]	5 Jahre[i]	Nur bei Nachfüllung[c]	ZÜS	10 Jahre[g]	nur bei Nachfüllung[c,g]	ZÜS	5 Jahr	entfällt
Wasser-Schaum-Aufladefeuerlöscher	5 Jahre[i]	Nur bei Nachfüllung[c]	pP	10 Jahre	kann entfallen	bP	6 Jahre	2 Jahre
Wasser-/Schaumdruckfeuerlöscher	5 Jahre[i]	keine	pP	10 Jahre	kann entfallen	bP	7 Jahre	2 Jahre

bP = Zur Prüfung befähigte Person nach § 2 (6) BetrSichV und Anhang 3, Abschn. 4. Ziffer 3 BetrSichV

ZÜS = Zugelassene Überwachungsstelle nach Anhang 2, Abschn. 1 BetrSichV

a: Auf Basis der Gefährdungsbeurteilung erfolgt die Festlegung der Prüffrist durch den Betreiber (Beachten: Instandhaltungsfristen nach DIN 144064 sowie Anhang 2 Abschn. 4, Tab. 12, Nr. 7.10 BetrSichV

b: Die ZÜS muss grundsätzlich überwachungsbedürftige Anlagen prüfen. Die Durchführung der Prüfung durch eine zur Prüfung befähigten Person ist nur zulässig, wenn das in der BetrSichV ausdrücklich geregelt ist.

c: Als Nachfüllen wird bezeichnet, wenn Feuerlöcher mit Löschmittel wieder oder neu gefüllt/befüllt oder diese zu Instandhaltungszwecken geöffnet werden.

d: Eine Festigkeitsprüfung kann entfallen, wenn bei der inneren Prüfung keine Mängel festgestellt werden.

e: Wiederkehrende Festigkeitsprüfungen nach Anhang 3, Tab. 12, Nr7.10 kann bei tragbaren Feuerlöschern entfallen, sofern bei der inneren Prüfung keine Beschädigungen der Auskleidung festgestellt wurden.

f: Diese Prüfung sollte von einer ZÜS durchgeführt werden auf Grund der erforderlichen technischen Ausstattung und der notwendigen Fachkenntnisse.

g: Siehe hierzu TRBS 3145. Nur der Betreiber kann unter Beachtung der Fußnote a die Überschreitung der Höchstfrist begrenzen.

h: Die in Deutschland üblichen Füllmengen und deren Angaben entsprechen der DIN 14406 und DIN EN 3-7.

i: Höchstfristen siehe Anhang 2, Abschn. 4, Tab. 1 BetrSichV. Unter Berücksichtigung von Anhang 2, Tab. 12, Nr. 7.10 BetrSichV ist eine Fristverlängerung möglich. Hierfür muss die zur Prüfung befähigte Person bestätigen, dass der sichere Betrieb des Feuerlöschers bis zur nächsten Prüfung gewährleistet ist.

Quelle: angelehnt an DIN 14406-4 Beiblatt 1

Checkliste

Feuerwiderstandsfähige Sicherheitsschränke

Firma/Einrichtung und Stempel

Firma/Einrichtung: ______________________________

Name des Prüfers: ______________________________

Ort/Datum: ______________________________ , den ______________

Nr.	Prüffragen	geprüft Ja	geprüft Nein	Maßnahmen bis wann
1.	Erfolgt die sichere Lagerung der vorhandenen und verwendeten Gefahrstoffe in geeigneten Sicherheitsschränken?	☐	☐	
2.	Wurden die Sicherheitsschränke entsprechend der Gefährdungsbeurteilung und auf Grundlage der im Gefahrstoffverzeichnis vorhandenen Stoffe und Mengen ausgewählt? Hinweis: Typeneinteilung für feuerwiderstandsfähige Lagerschränke gemäß DIN EN 14470-1 beachten.	☐	☐	
3.	Ist sichergestellt, dass der Inhalt des Schranks im Brandfall mindestens 30 min kein zusätzliches Risiko der Feuerausbreitung birgt?	☐	☐	
4.	Werden die Zugangsöffnungen durch die Türen automatisch und vollständig im Brandfall verschlossen?	☐	☐	
5.	Überschreitet die Schließzeit der Türen, vom Zeitpunkt des Auslösens aus nicht die 20 s?	☐	☐	
6.	Entspricht das Temperaturauslöseelement der Schließvorrichtung dem festgelegten Temperaturbereich (bestätigte Herstellererklärung)?	☐	☐	
7.	Ragen die beweglichen Teile der Schließvorrichtung nicht in den Nutzraum des Schranks hinein?	☐	☐	
8.	Sind Türen und deren umliegende Teile so konstruiert, dass die statische Kraft zwischen Hauptschließkante und Gegenschließkante 100 N nicht überschreitet?	☐	☐	
9.	Ist es möglich, jede Tür mit einer Hand zu bedienen?	☐	☐	
10.	Ist sichergestellt, dass die Verschlussvorrichtung und die Selbstschließung funktionieren?	☐	☐	
11.	Erfüllen die Beschichtungen und/oder Dekore, die möglicherweise zur Verbesserung der Haltbarkeit/Stoßfestigkeit verwendet werden, im Schrankinneren mindestens die Klasse D oder Klasse E nach EN 13501-1?	☐	☐	
12.	Sind die Oberflächen des Schrankinneren gegen die brennbaren Flüssigkeiten beständig?	☐	☐	
13.	Sind die Schränke mit Öffnungen für Zu- und Abluft versehen, um den Anschluss des Schranks an ein Abluftsystem zu ermöglichen?	☐	☐	

FORUM

Nr.	Prüffragen	geprüft		Maßnahmen bis wann
		Ja	Nein	
14.	Findet in einem belüfteten Schrank bei geschlossenen Türen ein Luftwechsel statt, der mindestens dem zehnfachen Schrankinnenvolumen je Stunde entspricht?	☐	☐	
15.	Überschreitet der Differenzdruck gegenüber dem Umgebungsdruck an der Anschlussstelle zum Lüftungssystem 150 Pa nicht?	☐	☐	
16.	Bewirkt das Lüftungssystem einen Unterdruck im Schrank?	☐	☐	
17.	Wird die Lüftung direkt oberhalb der Bodenwanne des Schranks wirksam?	☐	☐	
18.	Bestehen die Tragböden und ihre Befestigungen aus nicht absorbierendem Werkstoff und tragen das in der Benutzerinformation angegebene Gewicht? Hinweis: Die Tragböden dürfen die Selbstschließung nicht behindern. Zur besseren Belüftung können gelochte Tragböden oder Roste als Tragböden sinnvoll sein.	☐	☐	
19.	Befindet sich der höchste Tragboden max. 1,75 m über dem Fußboden?	☐	☐	
20.	Ist eine Bodenwanne unterhalb der untersten Stellebene eingebaut?	☐	☐	
21.	Hat die Bodenwanne ein Mindestauffangvolumen von 10 % aller im Schrank gelagerten Gefäße oder mindestsens 110 % des Volumens des größten Einzelgebindes, je nachdem welches Volumen größer ist? Hinweis: Alle verschütteten oder kondensierenden Flüssigkeiten bis zu dieser Menge müssen zurückgehalten werden.	☐	☐	
22.	Existiert ein Benutzerhandbuch/eine Gebrauchsanweisung für den Schrank?	☐	☐	
23.	Sind Beschriftungen (z. B. Warn-/Verbotssymbol, Seriennummer, Baujahr, Feuerwiderstandsfähigkeit) an der Vorderseite des Schranks an geeigneter Stelle leserlich angebracht? Hinweis: Die Größe aller Kennzeichen sollte der Größe des Schranks angepasst sein.	☐	☐	
24.	Sind die Öffnungen für Zu- und Abluft zu ihrer Unterscheidung gekennzeichnet? Hinweis: Mögliche Anschlüsse an den Potenzialausgleich sind zu beschriften.	☐	☐	

Datum, Unterschrift des Prüfers: ______________________________

BRANDSCHUTZBEGEHUNG

Checkliste
Brandschutzbegehung

Firma/Einrichtung und Stempel

Firma/Einrichtung: ______________________

Name des Prüfers: ______________________

Ort/Datum: ______________________ , den ____________

Nr.	Prüffragen	geprüft		Maßnahmen bis wann
		Ja	Nein	
Organisation				
1.	Wurde eine Gefährdungsbeurteilung nach ASR A2.2 „Maßnahmen gegen Brände“ durchgeführt?	☐	☐	
2.	Ist die Aufgabenverteilung im Brandschutz geklärt und aktuell?	☐	☐	
3.	Wurde geprüft, ob ein Brandschutzbeauftragter bestellt werden muss?	☐	☐	
4.	Wurde die erforderliche Anzahl an Brandschutzhelfern bei normaler Brandgefährdung festgelegt (mind. 5 % der Beschäftigten)?	☐	☐	
5.	Wurde die erforderliche Anzahl an Brandschutzhelfern bei erhöhter Brandgefährdung festgelegt (Anzahl ergibt sich aus der eigenen Gefährdungsbeurteilung)?	☐	☐	
6.	Werden die Brandschutzhelfer fachkundig ausgebildet?	☐	☐	
7.	Erhalten die Brandschutzhelfer in einem Abstand von 2 bis 5 Jahren eine Wiederholungsunterweisung? Hinweis: Das Zeitintervall für die Wiederholung ist vom Arbeitgeber anhand der Gefährdungsbeurteilung festzulegen.	☐	☐	
8.	Ist die Brandschutzordnung (Teil A, B, C) aktuell?	☐	☐	
9.	Wurde die Brandschutzordnung mit den zuständigen Brandschutzdienststellen abgestimmt?	☐	☐	
10.	Wird die Brandschutzordnung spätestens alle zwei Jahre durch eine fachkundige Person geprüft?	☐	☐	
11.	Wurden Feuerwehrpläne nach DIN 14095 erstellt?	☐	☐	
12.	Wurden die Feuerwehrpläne mit der zuständigen Brandschutzdienststelle abgestimmt?	☐	☐	
13.	Werden die Feuerwehrpläne mind. alle zwei Jahre durch eine fachkundige Person geprüft?	☐	☐	
14.	Sind die Flucht- und Rettungspläne sowie die Alarmpläne aktuell?	☐	☐	
15.	Entspricht der Sammelplatz den Vorgaben der ASR A2.3 „Fluchtwege und Notausgänge“ (Punkt 4 „Allgemeine Anforderungen“, Absätze 9 und 10)?	☐	☐	
16.	Wird die regelmäßige Brandschutzunterweisung (mindestens jährlich) für alle Beschäftigten durchgeführt?	☐	☐	
17.	Wird eine Evakuierungsübung alle 2 bis 5 Jahre für alle Beschäftigten durchgeführt (Anm.: siehe hierzu ASR A2.3 „Fluchtwege und Notausgänge“, Punkt 11 „Unterweisung und Übung zur Evakuierung“)?	☐	☐	
18.	Wurden erforderliche Schutzmaßnahmen (z. B. das Erlaubnisscheinverfahren) festgelegt?	☐	☐	
19.	Wird die Wirksamkeit der Schutzmaßnahmen überprüft?	☐	☐	

Nr.	Prüffragen	geprüft		Maßnahmen bis wann
		Ja	Nein	
Ausstattung/Feuerschutzeinrichtungen				
20.	Wurde die Anzahl der erforderlichen Löschmittel-einheiten (LE) im Rahmen der Gefährdungsbeurteilung ermittelt?	☐	☐	
21.	Entsprechen die vorhandenen Löschmitteleinheiten (LE) den Vorgaben der ASR A2.2?	☐	☐	
22.	Wurden alle Feuerlöscher richtig aufgehängt, befestigt, ordentlich gekennzeichnet und geprüft?	☐	☐	
23.	Sind die Feuerlöscher bezogen auf die Laufweglänge sinnvoll verteilt und immer zugänglich?	☐	☐	
24.	Beträgt die Entfernung zu einem Feuerlöscher bei normaler Brandgefährdung maximal 20 m?	☐	☐	
25.	Beträgt die Entfernung zu einem Feuerlöscher bei erhöhter Brandgefährdung maximal 10 m?	☐	☐	
26.	Sind fahrbare Löschgeräte zugänglich?	☐	☐	
27.	Wurde die Erfordernis einer Brandmeldeanlage (BMA) mit der zuständigen Brandschutzbehörde abgestimmt?	☐	☐	
28.	Wird eine ggf. vorhandene BMA regelmäßig nach Herstellerangaben gewartet und geprüft?	☐	☐	
29.	Wurde die Erfordernis einer Rauch- und Wärmeabzugsanlage (RWA) mit der zuständigen Brandschutzbehörde abgestimmt?	☐	☐	
30.	Wird eine ggf. vorhandene RWA regelmäßig nach Herstellerangaben gewartet und geprüft?	☐	☐	
31.	Wurde die Erfordernis einer ortsfesten Löschanlage mit der zuständigen Brandschutzbehörde abgestimmt?	☐	☐	
32.	Wird eine ggf. vorhandene ortsfeste Löschanlage nach Herstellerangaben gewartet und geprüft?	☐	☐	
33.	Sind Wandhydranten/Außenhydranten zugänglich, vollständig und ordentlich gekennzeichnet?	☐	☐	
34.	Sind die Unterflurhydranten auf dem Betriebsgelände bei Schnee erkennbar (Schilder aufstellen)?	☐	☐	
35.	Sind alle Druckknopffeuermelder zugänglich und mit intakter Glasscheibe versehen?	☐	☐	
36.	Sind Alarmierungseinrichtungen (interner Hausalarm) vorhanden, zugänglich und funktionsfähig?	☐	☐	
37.	Wurde bei Brandschutztüren Folgendes geprüft?			
	• Selbstschließfunktion der Türen gegeben	☐	☐	
	• fallen sicher ins Schloss	☐	☐	
	• der Schließfolgeregler ist in Ordnung	☐	☐	
	• die Handauslösung der Feststellanlage funktioniert	☐	☐	
	• die Feststellanlage wird regelmäßig geprüft	☐	☐	
38.	Sind die Brandschutztüren entsprechend der Zulassung ausgeführt?	☐	☐	
39.	Sind bei Brandabschnittswänden alle Durchbrüche ordnungsgemäß geschlossen (Schottsystem hat die richtige Qualifikation)?	☐	☐	
40.	Werden alle Auflagen des Feuerversicherers erfüllt?	☐	☐	

Kennzeichnung				
41.	Ist die Kennzeichnung der Fluchtwege rechtskonform?	☐	☐	
42.	Ist die Kennzeichnung der Feuerlöscheinrichtungen rechtskonform?	☐	☐	
43.	Ist die Kennzeichnung der Feuermeldeeinrichtungen rechtskonform?	☐	☐	
Notausgänge, Fluchtwege				
44.	Sind die Notausgänge erkennbar?	☐	☐	
45.	Sind die Notausgänge frei zugänglich?	☐	☐	
46.	Lassen sich die Notausgänge von innen leicht und ohne fremde Hilfe mit einem Handgriff öffnen?	☐	☐	
47.	Lassen sich die Türen im Fluchtweg in Fluchtrichtung öffnen?	☐	☐	
48.	Sind die Fluchtwege brandlastfrei?	☐	☐	
49.	Sind die Fluchtwege ohne Stolperstellen?	☐	☐	
50.	Sind die Fluchtwege in voller Breite nutzbar und ausreichend breit?	☐	☐	
51.	Sind die zulässigen Fluchtweglängen eingehalten?	☐	☐	
Evakuierung				
52.	Gibt es ein Evakuierungskonzept?	☐	☐	
53.	Ist die Feuerwehrzufahrt frei und benutzbar?	☐	☐	
54.	Ist der Sammelplatz vorhanden, gekennzeichnet, frei und benutzbar?	☐	☐	
Betriebliche Einrichtungen				
55.	Wurde bei Schaltschränken geprüft, dass die Schutzschalter in Ordnung sind und die Beschriftung vorhanden und aktuell ist?	☐	☐	
56.	Ist der Gashaupthahn frei zugänglich?	☐	☐	
57.	Werden Lagerräume regelmäßig begangen und da, wo möglich, regelmäßig aufgeräumt?	☐	☐	
58.	Wird nicht mehr benötigtes Verpackungsmaterial regelmäßig entsorgt?	☐	☐	
Brennbare Stoffe, Flüssigkeiten, Gase				
59.	Werden beim Umgang mit brennbaren Stoffen (Flüssigkeiten, Gase wie z. B. Sauerstoff), die einschlägigen Vorschriften beachtet?	☐	☐	
60.	Werden Druckgasflaschen und Behälter für brennbare Flüssigkeiten in den vorgesehenen Räumen/Schränken gelagert?	☐	☐	
61.	Werden brennbare Abfälle ordnungsgemäß aufbewahrt und regelmäßig entsorgt?	☐	☐	
62.	Werden leicht entflammbare Flüssigkeiten gesondert und sicher aufbewahrt?	☐	☐	
63.	Ist nur Tagesbedarf an Gefahrstoffen am Arbeitsplatz verfügbar?	☐	☐	
64.	Erfolgt keine Lagerung brennbarer Materialien an den Außenwänden der Gebäude?	☐	☐	
Elektrische Anlagen/Geräte				
65.	Sind alle Geräte, die in Benutzung sind, vom Arbeitgeber ausdrücklich genehmigt?	☐	☐	
66.	Sind elektrische Geräte/Anlagen frei von sichtbaren Mängeln?	☐	☐	
67.	Werden schadhafte Elektrogeräte sofort außer Betrieb genommen und einer Reparatur zugeführt?	☐	☐	
68.	Werden alle elektronischen Geräte regelmäßig durch eine interne/externe Elektrofachkraft geprüft und gewartet?	☐	☐	
69.	Haben sie eine entsprechende Kennzeichnung der letzten Prüfung?	☐	☐	

FORUM

70.	Werden Kaffeemaschinen/Wasserkocher auf nicht brennbaren Unterlagen positioniert?	☐	☐	
71.	Wird darauf geachtet, dass Mehrfachsteckdosen nicht hintereinandergeschaltet werden dürfen?	☐	☐	
Sonstiges				
72.	Sind keine Kerzen und auch keine brennbaren Dekorationen vorhanden?	☐	☐	
73.	Wird das Rauchverbot generell eingehalten?	☐	☐	
74.	Sind Raucherplätze ausgewiesen?	☐	☐	
75.	Erfolgt die Sammlung von Zigarettenkippen in selbstlöschenden Abfallsammelbehältern?	☐	☐	
76.	Wird das Verbot von offenem Feuer eingehalten?	☐	☐	
77.	Sind Aufzüge mit dem Hinweisschild „Aufzug im Brandfall nicht benutzen“ innen und außen gekennzeichnet?	☐	☐	
78.	Werden Schweißarbeiten nur mit entsprechender Einweisung, Kontrolle und Erlaubnisschein durchgeführt?	☐	☐	
79.	Wird die besondere Brandgefährdung bei der Verwendung von Lithium-Ionen-Batterien bei der Durchführung der Gefährdungsbeurteilung berücksichtigt?	☐	☐	
80.	Wird darauf geachtet, dass Geräte mit Lithium-Ionen-Batterien nicht unbeaufsichtigt geladen werden?	☐	☐	
81.	Werden Lithium-Ionen-Batterien ggf. beim Ladevorgang durch anlagentechnischen Brandschutz (z. B. Brandmeldeanlage) überwacht?	☐	☐	
82.	Wurden die durchgeführten Maßnahmen bei der Verwendung von Lithium-Ionen-Batterien mit dem eigenen Feuerversicherer abgestimmt?	☐	☐	
Durchführung Eigenkontrolle				
83.	Werden die Herstellervorgaben bei der Einhaltung von Wartungsfristen beachtet?	☐	☐	
84.	Wird die Sicherheitsbeleuchtung regelmäßig geprüft?	☐	☐	
85.	Wird die Brandmeldeanlage regelmäßig geprüft?	☐	☐	
86.	Werden die Rauchabzugsklappen regelmäßig geprüft?	☐	☐	
87.	Werden die Brandschutztüren regelmäßig geprüft?	☐	☐	
88.	Werden über durchgeführte Begehungen Protokolle erstellt (Dokumentation)?	☐	☐	
89.	Werden die verantwortlichen Personen im Unternehmen/der Behörde über Mängel im betrieblichen Brandschutz unverzüglich informiert?	☐	☐	

Datum, Unterschrift des Prüfers: ______________________________

FORUM

Checkliste

Ausstattung mit Feuerlöscheinrichtungen

Firma/Einrichtung und Stempel

Firma/Einrichtung: ______________________

Name des Prüfers: ______________________

Ort/Datum: ______________________ , den ____________

Nr.	Prüffragen	geprüft Ja	geprüft Nein	Maßnahmen bis wann
Grundausstattung				
1.	Stellt der Arbeitgeber Feuerlöscheinrichtungen nach Art und Umfang der im Betrieb vorhandenen brennbaren Stoffe, der Brandgefährdung und der Grundfläche der Arbeitsstätte in ausreichender Anzahl zur Verfügung? Hinweis: Für die Ermittlung kann die Arbeitsstätte in Teilbereiche mit unterschiedlichen Brandgefährdungen unterteilt werden.	☐	☐	
2.	Entsprechen die bereitgestellten Feuerlöscher der DIN EN 3-7?	☐	☐	
3.	Wurde in allen Arbeitsstätten für die Grundausstattung die für einen Bereich erforderliche Anzahl von Feuerlöschern mit entsprechenden Löschvermögen für die Brandklassen A und B nach Tabelle 1 und 2 ASR A2.2 ermittelt? Hinweis: Für die Brandklassen C und D wird nur die Eignung des Feuerlöschers ohne Bestimmung des Löschvermögens festgestellt. Flächen im Freien können bei der Ermittlung der Grundausstattung unberücksichtigt bleiben.	☐	☐	
4.	Werden in mehrgeschossigen Gebäuden, in jedem Geschoss ≥ 6 LE bereitgestellt?	☐	☐	
5.	Wurde bei der Auswahl der tragbaren Feuerlöscher • auf ein geringes Gerätegewicht sowie • innerhalb eines Bereichs auf gleiche Funktionsweise der Geräte bei Auslöse- und Unterbrechungseinrichtungen geachtet?	 ☐ ☐	 ☐ ☐	
6.	Werden bei der Auswahl der Feuerlöscher auch mögliche Folgeschäden durch die Löschmittel mitberücksichtigt?	☐	☐	
7.	Werden beim Einsatz von Kohlendioxid (CO_2) als Löschmittel die Gesundheitsgefahren durch zu hohe CO_2-Konzentration mitberücksichtigt? Hinweis: 1kg CO_2 gilt bei 5,5 m^2 als kritischer Grenzwert.	☐	☐	
8.	Ist bei Arbeitsstätten mit verschiedenen Arbeitgebern und gemeinsamer Nutzung der vorhandenen Feuerlöscher sichergestellt, dass alle Beschäftigten Zugriff zu den erforderlichen Feuerlöschern haben?	☐	☐	

Nr.	Prüffragen	geprüft		Maßnahmen bis wann
		Ja	Nein	
Bereitstellung von Feuerlöscheinrichtungen				
9.	Sind die Feuerlöscher gut sichtbar und leicht erreichbar angebracht?	☐	☐	
10.	Sind die Feuerlöscher vorzugsweise in Fluchtwegen, im Bereich der Ausgänge ins Freie, an den Zugängen zu Treppenräumen oder an Kreuzungspunkten von Verkehrswegen/Fluren angebracht?	☐	☐	
11.	Beträgt die Entfernung von jeder Stelle zum nächstgelegenen Feuerlöscher nicht mehr als 20 m (tatsächliche Laufweglänge), um einen schnellen Zugriff zu gewährleisten?	☐	☐	
12.	Werden Feuerlöscher vor Beschädigungen/Witterungseinflüssen geschützt aufgestellt? Hinweis: z. B. Schutzhauben, Schränke, Anfahrschutz	☐	☐	
13.	Sind die Feuerlöscher so angebracht, dass diese ohne Schwierigkeiten aus der Halterung entnommen werden können? Hinweis: Griffhöhe 0,8-1,2 m	☐	☐	
14.	Sind die Standorte von Feuerlöschern durch das Brandschutzzeichen F001 „Feuerlöscher“ entsprechend ASR A1.3 gekennzeichnet? Hinweis: Grundlage DIN EN ISO 7010:2012-10	☐	☐	
15.	Werden in unübersichtlichen Arbeitsstätten der nächstgelegene Standort eines Feuerlöschers gut sichtbar durch das Brandschutzzeichen F001 „Feuerlöscher“ i. V. m. einem Zusatzzeichen „Richtungspfeil“ angezeigt?	☐	☐	
16.	Werden weitere Feuerlöscheinrichtungen ebenfalls entsprechend ASR A1.3 (Brandschutzzeichen F002 – F006) gekennzeichnet?	☐	☐	
17.	Ist die Erkennbarkeit der notwendigen Brandschutzzeichen auf Fluchtwegen ohne Sicherheitsbeleuchtung durch Verwendung von langnachleuchtenden Materialien entsprechend ASR A1.3 gewährleistet?	☐	☐	
18.	Sind die Standorte der Feuerlöscheinrichtungen in den Flucht- und Rettungsplan entsprechend ASR A2.3 aufgenommen?	☐	☐	
Erhöhte Brandgefährdung				
19.	Wurden im Rahmen der Gefährdungsbeurteilung Bereiche mit erhöhter Brandgefährdung festgestellt? Hinweis: siehe Tabelle 4 ASR A2.2.	☐	☐	
20.	Erfolgt u. a. die Ausrüstung von Bereichen mit Brandmeldeanlagen zur frühzeitigen Erkennung von Entstehungsbränden?	☐	☐	
21.	Wurde die Anzahl der Feuerlöscher erhöht sowie diese gleichmäßig in Bereichen mit erhöhter Brandgefährdung verteilt, um die maximale Entfernung zum nächstgelegenen Feuerlöscher und dadurch die Zeit bis zum Beginn der Entstehungsbrandbekämpfung zu verkürzen?	☐	☐	

Nr.	Prüffragen	geprüft		Maßnahmen bis wann
		Ja	Nein	
22.	Wurden mehrere gleichartige und baugleiche Feuerlöscher an einem Standort in Bereichen mit erhöhter Brandgefährdung angebracht, um bei ausreichend anwesenden Beschäftigten zur Entstehungsbrandbekämpfung durch gleichzeitigen Einsatz mehrerer Feuerlöscher einen größeren Löscheffekt zu erzielen?	☐	☐	
23.	Wurden zusätzliche, für die vor Ort vorhandenen Brandklassen geeignete Feuerlöscheinrichtungen in Bereichen oder an Arbeitsstätten mit erhöhter Brandgefährdung angebracht, um eine schnelle und wirksame Entstehungsbrandbekämpfung zu ermöglichen? Beispiele sind u. a. Kohlendioxidlöscher in Laboren, Fettbrandlöscher an Fritteusen.	☐	☐	
24.	Wurden Tätigkeiten nach TRGS 800 festgestellt?	☐	☐	
25.	Wurden für die Tätigkeiten mit Gefahrstoffen Maßnahmen ergriffen?	☐	☐	
26.	Sind die einzusetzenden Löscheinrichtungen so angeordnet, dass sie schnell zum Einsatz gebracht werden können?	☐	☐	
27.	Sind insbesondere in der Nähe der folgenden Stellen Feuerlöscheinrichtungen positioniert?			
	• Bearbeitungsmaschinen mit erhöhter Zündgefahr	☐	☐	
	• erhöhte Brandlasten	☐	☐	
	• Räume, die wegen der erhöhten Brandgefahr brandschutztechnisch abgetrennt werden	☐	☐	
28.	Ist sichergestellt, dass			
	• das Löschmittel der Brandklasse angepasst ist?	☐	☐	
	• die Löschmittelmenge ausreichend ist, um einen Entstehungsbrand dieser Gefährdung abzudecken?	☐	☐	
	• die Feuerlöscheinrichtung so positioniert ist, dass sie im Falle eines Brandausbruchs in Bereichen mit erhöhter Brandgefährdung noch ohne Gefährdung vom Beschäftigten schnell (i. d. R. nicht > 5 m, max. 10 m tatsächliche Laufweglänge) erreicht werden kann?	☐	☐	
29.	Werden zusätzlich ortsfeste Brandbekämpfungsanlagen eingesetzt, wenn			
	• eine Brandbekämpfung mit Feuerlöscheinrichtungen wegen der Eigengefährdung nicht möglich ist?	☐	☐	
	• die Bereiche nicht zugänglich sind?	☐	☐	
30.	Wurden alle Beschäftigten über die festgelegten organisatorischen Brandschutzmaßnahmen			
	• vor Aufnahme der Beschäftigung,	☐	☐	
	• bei Veränderung des Tätigkeitsbereichs	☐	☐	
	• danach in angemessenen Zeitabständen, mindestens jedoch einmal jährlich,	☐	☐	
	unterwiesen?			

Nr.	Prüffragen	geprüft		Maßnahmen bis wann
		Ja	Nein	
31.	Wurden die Unterweisungen dokumentiert?	☐	☐	
32.	Wurden eine ausreichende Anzahl von Beschäftigten als Brandschutzhelfer, durch Unterweisung und Übung im Umgang mit Feuerlöscheinrichtungen zur Bekämpfung von Entstehungsbränden im Unternehmen ausgebildet und bestellt? Hinweis: Ein Anteil von 5 % der Beschäftigten ist i. d. R. ausreichend.	☐	☐	

Datum, Unterschrift des Prüfers: ____________________________________

Gefährdungsanalyse

Bereich: Sicherheitskennzeichnung, Fluchtwege, Notausgänge, Flucht- und Rettungsplan

Firma/Einrichtung und Stempel

Bereich	Gefährdung/Beschreibung	Rechtliche Grundlagen	Prüfperson	Lösung/Maßnahmen	Geprüft
Sind Notausgänge, Türen und Sammelstellen im Verlauf von Fluchtwegen angemessen und dauerhaft gekennzeichnet?	Im Gefahrenfall muss die Wegeführung für jedermann erkennbar sein, auch für Betriebsfremde.	ArbStättV, § 2 (9) Nr. 3, Anh. 2.3 ASR A1.3, ASR A2.3 Evakuierungskonzept Bauordnungsrecht der Länder	Brandschutzbeauftragter Evakuierungsbeauftragter	durch regelmäßige Begehungen Wegeführung und Kennzeichnung überprüfen, auch aus Sicht eines Betriebsfremden	☐
Wird erforderlichenfalls ein Sicherheitsleitsystem eingerichtet, wenn aufgrund der örtlichen oder betrieblichen Bedingungen eine erhöhte Gefährdung vorliegt?	Gefahren z. B. in großen zusammenhängenden oder mehrgeschossigen Gebäudekomplexen, bei einem hohen Anteil ortsunkundiger Personen oder einem hohen Anteil an Personen mit eingeschränkter Mobilität; Gefahren bei Beleuchtungsausfall; Gefahren durch Verrauchung, dass Sicherheitskennzeichen nicht mehr sichtbar sind	ASR A2.3 ASR A3.4 ASR V3a.2	Brandschutzbeauftragter Evakuierungsbeauftragter Arbeitsschutzbeauftragter	ggf. zusätzliche Kennzeichnung in Bodennähe oder im Boden installieren	☐
Sind die Fluchtwege und Notausgänge barrierefrei gestaltet?	Notwendig zur Evakuierung von Personen mit Behinderungen	ArbStättV, § 3a (2) ASR V3a.2, ASR A2.3 Bauordnungsrecht der Länder VDI 4062 BGG, BTHG, SGB IX	Brandschutzbeauftragter Personalabteilung Betriebs-/Personalrat	Überprüfung der möglichen Evakuierung von Personen mit Behinderung technische Unterstützungsmaßnahmen bereitstellen Übungen durchführen	☐
Werden die Fluchtwege, Notausgänge und Notausstiege ständig freigehalten, damit sie jederzeit benutzbar sind?	Sicherstellung der gefahrenlosen Evakuierung/Rettung, Verlängerung der Evakuierungszeiten	ArbStättV, § 4 (4) Satz 1 ASR A2.3	Brandschutzbeauftragter Abteilungsleiter Evakuierungsbeauftragter	Unterweisung/Information der Beschäftigten, Fremdfirmen und Besuchern	☐
Wurde ein Flucht- und Rettungsplan aufgestellt?	Flucht- und Rettungspläne müssen eindeutige Anweisungen zum Verhalten im Gefahrenfall enthalten sowie den Weg an einen sicheren Ort darstellen. Flucht- und Rettungspläne müssen aktuell, übersichtlich, ausreichend groß und mit Sicherheitszeichen gestaltet sein.	ArbStättV, § 4 (4) Satz 3 ASR A1.3 ASR A2.3	Brandschutzbeauftragter Evakuierungsbeauftragter	Flucht- und Rettungsplan, mit entsprechenden Plänen nach anderen Rechtsvorschriften, abstimmen oder mit diesen verbinden.	☐

Bereich	Gefährdung/Beschreibung	Rechtliche Grundlagen	Prüfperson	Lösung/Maßnahmen	Geprüft
Wurde der Flucht- und Rettungsplan an geeigneten Stellen ausgelegt oder ausgehängt?	Aus dem Plan muss ersichtlich sein, welche Fluchtwege von dem jeweiligen Standort aus zu nehmen sind, um in einen sicheren Bereich oder ins Freie zu gelangen. Zur sicheren Orientierung ist der Standort des Betrachters im Flucht- und Rettungsplan zu kennzeichnen.	ArbStättV, § 4 (4) Satz 4 ASR A2.3	Brandschutzbeauftragter Evakuierungsbeauftragter	durch regelmäßige Begehungen Wegeführung und Kennzeichnung überprüfen, auch aus Sicht eines Betriebsfremden	☐
Werden in angemessenen Zeitabständen entsprechend dem Flucht- und Rettungsplan Übungen durchgeführt?	Anhand der Übungen soll u. a. überprüft werden, ob • die Alarmierung zu jeder Zeit unverzüglich ausgelöst werden kann, • die Alarmierung alle Personen erreicht, die sich im Gebäude aufhalten, • sich alle Personen, die sich im Gebäude aufhalten, über die Bedeutung der jeweiligen Alarmierung im Klaren sind, • die Fluchtwege schnell und sicher benutzt werden können.	ArbStättV, § 4 (4) Satz 4 ASR A2.3	Brandschutzbeauftragter Evakuierungsbeauftragter	regelmäßige Evakuierungsübungen durchführen	☐
Werden die Beschäftigten über die Nutzung der Fluchtwege und Notausgänge sowie Sicherheitskennzeichnung unterwiesen?	Beschäftigte müssen den richtigen Fluchtweg und die auf dem Flucht- und Rettungsplan verwendete Sicherheitskennzeichnung kennen.	ArbStättV, § 6 (3) ASR A1.3 ASR A2.3	Brandschutzbeauftragter Evakuierungsbeauftragter	vorzugsweise mindestens einmal jährlich im Rahmen einer Begehung der Fluchtwege die Beschäftigten informieren	☐
Sind zusätzliche Maßnahmen notwendig, da besondere Gefährdungen auftreten können oder aufgrund der örtlichen Gegebenheiten sowie der Nutzungsart mit komplizierten Bedingungen im Gefahrenfall zu rechnen ist?	Besondere Gefährdungen können z. B. in Laboratorien oder Schulen auftreten	ArbSchG ASR A1.3	Brandschutzbeauftragter	unter Berücksichtigung der Anforderungen aus anderen Rechtsgebieten prüfen, ob zusätzliche Anforderungen nach § 10 ArbSchG erforderlich sind, z. B. die Aufstellung betrieblicher Alarm- und Gefahrenabwehrpläne oder die Erstellung von Brandschutzordnungen oder Evakuierungsplänen	☐
Sind die Fluchtwege und Notausgänge in ausreichender Anzahl, Anordnung und Abmessung vorhanden?	Im Gefahrenfall müssen ausreichende Fluchtmöglichkeiten vorhanden sein. Die Fluchtwege und Notausgänge müssen den einschlägigen Rechtsgrundlagen entsprechen.	ArbStättV, Anh. 2.3 ASR A1.3 ASR A2.3 Evakuierungskonzept Bauordnungen der einzelnen Bundesländer	Brandschutzbeauftragter Evakuierungsbeauftragter	Überprüfung in Theorie und während Evakuierungsübungen, regelmäßige Begehungen	☐

Bereich	Gefährdung/Beschreibung	Rechtliche Grundlagen	Prüfperson	Lösung/Maßnahmen	Geprüft
Führen die Fluchtwege und Notausgänge auf möglichst kurzem Weg ins Freie oder, falls dies nicht möglich ist, in einen gesicherten Bereich?	Bei der Gefährdungsbeurteilung sind u. a. die höchstmögliche Anzahl der anwesenden Personen und der Anteil an ortsunkundigen Personen zu berücksichtigen. Am Ende eines Fluchtwegs muss der Bereich im Freien bzw. der gesicherte Bereich so gestaltet und bemessen sein, dass sich kein Rückstau bilden kann und alle über den Fluchtweg flüchtenden Personen ohne Gefahren, z. B. durch Verkehrswege oder öffentliche Straßen, aufgenommen werden können.	ArbStättV, Anh. 2.3 ASR A2.3	Brandschutzbeauftragter Evakuierungsbeauftragter	Überprüfung in Theorie und während Evakuierungsübungen, regelmäßige Begehungen	☐
Sind die Fluchtwege und Notausgänge mit einer Sicherheitsbeleuchtung bzw. lang nachleuchtenden Materialien ausgerüstet?	Das gefahrlose Verlassen der Arbeitsstätte für die Beschäftigten, insbesondere bei Ausfall der allgemeinen Beleuchtung, muss gewährleistet sein.	ArbStättV, Anh. 2.3 ASR A1.3 ASR A2.3 ASR A3.4	Brandschutzbeauftragter Evakuierungsbeauftragter Arbeitsschutzbeauftragter	Regelmäßige Überprüfung und Wartung durch Fachfirmen nach Wartungsplan, regelmäßige Begehungen, Praxistest bei Übungen	☐
Lassen sich manuell betätigte Türen in Notausgängen in Fluchtrichtung aufschlagen?	Die Aufschlagrichtung von sonstigen Türen im Verlauf von Fluchtwegen hängt von dem Ergebnis der Gefährdungsbeurteilung ab.	ASR A2.3	Brandschutzbeauftragter Evakuierungsbeauftragter	Regelmäßige Überprüfung und Wartung durch Fachfirmen nach Wartungsplan, regelmäßige Begehungen, Praxistest bei Übungen	☐
Lassen sich (verschließbare) Türen und Tore im Verlauf von Fluchtwegen oder Türen von Notausgängen von innen ohne besondere Hilfsmittel jederzeit leicht öffnen?	Leicht zu öffnen bedeutet, dass die Öffnungseinrichtung gut erkennbar und an zugänglicher Stelle angebracht (insbesondere Entriegelungshebel bzw. -knöpfe zur Handbetätigung von automatischen Türen), sowie dass die Betätigungsart leicht verständlich und das Öffnen mit nur geringer Kraft möglich ist. Ohne besondere Hilfsmittel bedeutet, dass die Tür im Gefahrenfall unmittelbar von jeder Person geöffnet werden kann.	ArbStättV, Anh. 2.3 ASR A2.3	Brandschutzbeauftragter Evakuierungsbeauftragter	Regelmäßige Überprüfung und Wartung durch Fachfirmen nach Wartungsplan, regelmäßige Begehungen, Praxistest bei Übungen	☐
Lassen sich Türen von Notausgängen nach außen öffnen?	Notausgänge und Notausstiege, die von außen verstellt werden können, sind auch von außen zu kennzeichnen und durch weitere Maßnahmen zu sichern, z. B. durch die Anbringung von Abstandsbügeln für Kraftfahrzeuge.	ArbStättV, Anh. 2.3 ASR A2.3	Brandschutzbeauftragter Evakuierungsbeauftragter	Notausgänge und Notausstiege sind, sofern diese von der Außenseite zugänglich sind, auf der Außenseite mit dem Verbotszeichen „P023 Abstellen oder Lagern verboten" zu kennzeichnen und zu sichern.	☐

FORUM

03/2026

Bereich	Gefährdung/Beschreibung	Rechtliche Grundlagen	Prüfperson	Lösung/Maßnahmen	Geprüft
Wird die Sicherheitsbeleuchtung und -kennzeichnung, instand gehalten und in regelmäßigen Abständen auf ihre Funktionsfähigkeit geprüft?	Kennzeichen müssen von allen Personen im Gefahrenfall erkennbar sein	ArbStättV, § 4 (3) ASR A1.3	Brandschutzbeauftragter Evakuierungsbeauftragter	Regelmäßige Überprüfung und Wartung durch Fachfirmen nach Wartungsplan, regelmäßige Begehungen, Praxistest bei Übungen	☐

Datum, Unterschrift des Prüfers: ____________________

Checkliste

Not- und Sicherheitsbeleuchtung

Firma/Einrichtung und Stempel

Firma/Einrichtung: ______________________________

Name des Prüfers: ______________________________

Ort/Datum: ______________________________ , den ______________

Nr.	Prüffragen	geprüft		Maßnahmen bis wann
		Ja	Nein	
Erfordernis einer Sicherheitsbeleuchtung				
Ist eine ausreichende Sicherheitsbeleuchtung vorhanden …				
1.	um das gefahrenlose Verlassen der Arbeitsstätte, insbesondere bei Ausfall der Allgemeinbeleuchtung zu gewährleisten? Hinweis: z. B. bei hoher Personenbelegung, Flächenausdehnung, fehlendem Tageslicht, betrieblichen Gründen für Dunkelheit, Anwesenheit ortsunkundiger Personen, erhöhter Gefährdung, unübersichtlicher Fluchtwegeführung oder eingeschränkter Erkennbarkeit des Fluchtwegs.	☐	☐	
2.	für Laboratorien, in denen es notwendig ist, dass Beschäftigte einen laufenden Versuch beenden oder unterbrechen müssen, um eine akute Gefährdung von Beschäftigten und Dritten zu verhindern? Hinweis: Solche akuten Gefährdungen können z. B. Explosionen oder Brände sowie das Freisetzen von Krankheitserregern oder giftigen, sehr giftigen oder radioaktiven Stoffen in Gefahr bringender Menge sein.	☐	☐	
3.	für Arbeitsplätze, die aus technischen Gründen dunkel gehalten werden müssen?	☐	☐	
4.	für elektrische Betriebsräume und Räume für haustechnische Anlagen?	☐	☐	
5.	für den unmittelbaren Bereich lang nachlaufender Arbeitsmittel mit nicht zu schützenden bewegten Teilen, die Gefährdungen für Sicherheit und Gesundheit der Beschäftigten verursachen können, z. B. Plandrehmaschinen?	☐	☐	
6.	für Bereiche in der Nähe heißer Bäder oder Gießgruben, die aus produktionstechnischen Gründen nicht durch Geländer oder Absperrungen gesichert werden können?	☐	☐	
7.	für Bereiche um Arbeitsgruben, die aus arbeitsablaufbedingten Gründen nicht abgedeckt sein können?	☐	☐	
8.	für Arbeitsplätze auf Baustellen? Hinweis: Nicht erforderlich, wenn durch das einfallende Tageslicht oder jahreszeitlich bedingt die Mindestbeleuchtungsstärke von 1 lx gegeben ist. Bei Bauarbeiten unter Tage sind mindestens 15 lx erforderlich.	☐	☐	
Ist ein optisches Sicherheitsleitsystem vorhanden, bei erhöhter Gefährdung oder als Orientierungshilfe wie z. B. …				
9.	bei Wahrnehmung des Verlaufs und Begrenzung des Fluchtwegs?	☐	☐	

Nr.	Prüffragen	geprüft		Maßnahmen bis wann
		Ja	Nein	
10.	bei der Wahrnehmung baulicher Einrichtungen, z. B. Türrahmen, Treppenstufen oder Bedienelementen?	☐	☐	
11.	bei der Orientierung bei Verrauchung?	☐	☐	
Anforderung an die Sicherheitsbeleuchtung und Richtwerte				
12.	Ist auf Grundlage der Gefährdungsbeurteilung die Beleuchtungsstärke der Sicherheitsbeleuchtung festgelegt worden?	☐	☐	
13.	Besteht auf Fluchtwegen einschließlich der außen angebrachten Treppen und der Sammelstellen mindestens eine Beleuchtungsstärke von 1 lx?	☐	☐	
14.	Erreicht bei Ausfall der Allgemeinbeleuchtung für Fluchtwege die erforderliche Beleuchtungsstärke der Sicherheitsbeleuchtung innerhalb von 5 s 100 % der erforderlichen Beleuchtungsstärke nach 60 s? Hinweis: Die Sicherheitsbeleuchtung für Fluchtwege muss für die Dauer, die für das gefahrlose Verlassen der Arbeitsstätte ins Freie erforderlich ist, jedoch mindestens für einen Zeitraum von 30 min nach Ausfall der Allgemeinbeleuchtung, die erforderliche Beleuchtungsstärke erbringen.	☐	☐	
15.	Beträgt die Beleuchtungsstärke der Sicherheitsbeleuchtung für Fluchtwege mindestens 1 lx mit einer Gleichmäßigkeit (Verhältnis der maximalen zur minimalen Beleuchtungsstärke) weniger als 40:1? Hinweis: Die Beleuchtungsstärke ist auf der Mittellinie des Fluchtwegs in maximal 20 cm Höhe über dem Fußboden oder den Treppenstufen zu messen.	☐	☐	
16.	Wird die Farbwiedergabe der Sicherheitsbeleuchtung so gewählt, dass die Sicherheitsfarben erkennbar bleiben? Hinweis: Allgemeiner Farbwiedergabeindex Ra muss > 40 sein; keine Blendung der Beschäftigten.	☐	☐	
17.	Wird die Funktion der Sicherheitsbeleuchtung durch den Ausfall der allgemeinen Stromversorgung nicht beeinträchtigt? Hinweis: Diese Stromquelle darf nur dann zusätzlich für andere Zwecke verwendet werden, wenn die Verfügbarkeit für die Versorgung der Einrichtung für Sicherheitszwecke dadurch nicht beeinträchtigt wird.	☐	☐	
Anforderung an optische Sicherheitsleitsysteme				
18.	Wird die Erkennbarkeit des optischen Sicherheitsleitsystems nicht durch eine eventuell vorhandene Sicherheitsbeleuchtung beeinträchtigt?	☐	☐	
19.	Werden optische Sicherheitsleitsysteme so eingerichtet/betrieben, dass der Verlauf von Fluchtwegen, die Notausgänge sowie mögliche Gefahrstellen und Hindernisse erkannt werden können?	☐	☐	
20.	Erfolgt eine beidseitige Kennzeichnung der Hauptfluchtwege, wenn die Fluchtwegbreite mehr als 2,00 m beträgt? Hinweis: Vorzugsweise ist auch bei geringerer Breite der Hauptfluchtwege die Kennzeichnung beidseitig auszuführen.	☐	☐	
21.	Ist die Fluchtrichtung mithilfe der Sicherheitszeichen „Notausgang links/rechts" (E001 bzw. E002) i. V. m. einem Zusatzzeichen (Richtungspfeil) gemäß ASR A1.3 angegeben? Hinweis: Die Kennzeichnung ist im Verlauf des Hauptfluchtwegs und bei Richtungsänderungen anzubringen.	☐	☐	

Nr.	Prüffragen	geprüft		Maßnahmen bis wann
		Ja	Nein	
22.	Wurden die Leitmarkierungen durchgehend und gut sichtbar im Verlauf des Hauptfluchtwegs auf dem Fußboden oder an Wänden angebracht? Hinweis: Die Oberkante der Markierung darf nicht höher als 40 cm über dem Fußboden liegen. Beim Einrichten von neuen Arbeitsstätten oder bei wesentlichen Änderungen ist es empfehlenswert, die Oberkante der Markierung nicht höher als 30 cm über dem Fußboden anzubringen.	☐	☐	
23.	Wurden die Leitmarkierungen durchgehend bis zum nächsten sicheren Bereich angebracht? Hinweis: Leitmarkierungen auf dem Boden werden als durchgehend angesehen, wenn mindestens drei Markierungen pro Meter in regelmäßigen Abständen angebracht sind. Die Markierungen müssen mindestens einen Durchmesser oder eine Kantenlänge von 5 cm haben.	☐	☐	
Langnachleuchtende Sicherheitsleitsysteme				
24.	Erfüllen langnachleuchtende Sicherheitsleitsysteme mindestens die Anforderungen der DIN 67510-1 Klasse C? Hinweis: Die ausreichende Anregung der langnachleuchtenden Materialien ist sicherzustellen. Die Funktionsweise des langnachleuchtenden Sicherheitsleitsystems ist durch Dokumentation des Herstellers oder eine Messung am Ort der Anwendung nach DIN ISO 16069 Anhang B nachzuweisen. Bei Verwendung von Einrichtungen, welche die Dauer der Anregung begrenzen, sind entsprechende Kompensationsmaßnahmen anzuwenden.	☐	☐	
25.	Hat die Leitmarkierung mindestens einen Durchmesser oder eine Breite und Höhe von 50 mm? Hinweis: Sie werden als durchgehend angesehen, wenn mindestens drei Markierungen pro Meter in regelmäßigen Abständen angebracht sind.	☐	☐	
26.	Wurden Rampen und Handläufe im Verlauf von Fluchtwegen in ihrer gesamten Länge gekennzeichnet? Hinweis: Alle Vorderkanten der Trittstufen von Treppen müssen über die gesamte Treppenbreite mit langnachleuchtenden Materialien mit einer Breite von 20 mm – 50 mm markiert werden. Die Markierungen sind möglichst nah an der Vorderkante anzubringen, der Abstand soll nicht mehr als 10 mm betragen. Die Erkennbarkeit der Vorderkanten der Trittstufen muss auch bei Allgemeinbeleuchtung gewährleistet sein. Die Markierung der Trittstufen darf zu keinen Stolper- und Rutschgefahren führen, z. B. durch hochstehende Kanten oder große Abweichung von der Bewertungsgruppe der Rutschhemmung der Trittfläche. Zusätzliche Markierungen an den Seiten der Tritt- und Setzstufen erhöhen die räumliche Erkennbarkeit des Treppenlaufs.	☐	☐	
27.	Wurden Türen im Verlauf von Fluchtwegen und Notausstiege mit langnachleuchtendem Material umrandet? Hinweis: Die Umrandung muss mindestens eine Breite von 20 mm haben. Türgriffe und Notbetätigungseinrichtungen (z. B. Panikstangen) sind langnachleuchtend zu gestalten oder mit langnachleuchtendem Material hervorzuheben. Ggf. ist dabei die Richtung, in der die Türgriffe und Notbetätigungseinrichtungen zu betätigen sind, anzugeben.	☐	☐	
28.	Sind Gefahrenstellen und Hindernisse im Verlauf von Fluchtwegen deutlich und dauerhaft erkennbar? Hinweis: Dazu können Sicherheitsmarkierungen nach ASR A1.3 verwendet werden.	☐	☐	
29.	Werden langnachleuchtende Rettungszeichen, die Teil eines optischen Sicherheitsleitsystems sind, im Abstand von maximal 5 m im Verlauf des Fluchtwegs angebracht? Hinweis: Bei jeder Richtungsänderung des Fluchtwegs ist ein langnachleuchtendes Rettungszeichen vorzusehen.	☐	☐	

FORUM

Nr.	Prüffragen	geprüft		Maßnahmen bis wann
		Ja	Nein	
Elektrisch betriebene Sicherheitsleitsysteme				
30.	Werden innenbeleuchtete Rettungszeichen im Abstand von max. 10 m im Verlauf des Fluchtwegs angebracht? Hinweis: Bei jeder Richtungsänderung des Fluchtwegs ist ein innenbeleuchtetes Rettungszeichen vorzusehen.	☐	☐	
31.	Werden, um die Leitfunktion von innenbeleuchtenden Rettungszeichen sicherzustellen, zusätzlich elektrisch betriebene Leitmarkierungen oder niedrig montierte Sicherheitsleuchten eingesetzt? Hinweis: Dabei darf der Abstand zwischen den Leitmarkierungen nicht mehr als 2,50 m betragen.	☐	☐	
32.	Wird bei in den Fußboden eingelassenen elektrisch betriebenen Leitmarkierungen die Leuchtdichte der abstrahlenden Fläche von der Leuchtdichte der umgebenden Flächen deutlich unterschieden, ohne zu blenden?	☐	☐	
33.	Wird die Funktion des Sicherheitsleitsystems durch den Ausfall der allgemeinen Stromversorgung nicht beeinträchtigt? Hinweis: Ein elektrisch betriebenes Sicherheitsleitsystem und eine Sicherheitsbeleuchtung können die gleiche Stromversorgung haben.	☐	☐	
Dynamische optische Sicherheitsleitsysteme				
34.	Sind alle verbundenen sicherheitsrelevanten Komponenten so gestaltet, dass auch bei Ausfall einzelner Komponenten die Funktionsfähigkeit des Gesamtsystems erhalten bleibt?	☐	☐	
35.	Wird die Richtungsangabe je nach Gefahrenlage geändert? Hinweis: Dieses kann sowohl automatisch als auch durch manuelle Eingabe erfolgen. Es ist sicherzustellen, dass hochmontierte Richtungsangaben dazu nicht im Widerspruch stehen.	☐	☐	
Betrieb, Instandhaltung, Prüfung				
36.	Wird die Sicherheitsbeleuchtung an die aktuelle Gefährdungssituation angepasst?	☐	☐	
37.	Werden Schäden, die die Funktionsfähigkeit beeinträchtigen können, unverzüglich beseitigt?	☐	☐	
38.	Werden die Sicherheitsbeleuchtung und das optische Sicherheitsleitsystem in regelmäßigen Abständen auf ihre Funktionsfähigkeit geprüft? Hinweis: Die Wartungs-, Prüf- und Dokumentationspflichten ergeben sich aus der Gefährdungsbeurteilung unter Berücksichtigung der Herstellerangaben und der anerkannten Regeln der Technik.	☐	☐	
39.	Werden festgestellte Mängel und Schäden umgehend sachgerecht beseitigt?	☐	☐	

Datum, Unterschrift des Prüfers: ______________________________

Checkliste
Fluchtwege und Notausgänge

Firma/Einrichtung und Stempel

Firma/Einrichtung: ______________________

Name des Prüfers: ______________________

Ort/Datum: ______________________ , den ____________

Nr.	Prüffragen	geprüft		Maßnahmen bis wann
		Ja	Nein	
1.	Führen grundsätzlich die Fluchtwege auf möglichst kurzem Weg ins Freie bzw. in einen gesicherten Bereich?	☐	☐	
2.	Wurden beim Errichten/Betreiben von Fluchtwegen und Notausgängen die Anforderungen des Bauordnungsrechts der Länder sowie die Anforderungen aus der ASR A2.3 beachtet?	☐	☐	
3.	Werden Fluchtwege, Notausgänge und Notausstiege ständig in den erforderlichen Abmessungen freigehalten?	☐	☐	
4.	Werden Notausgänge und Notausstiege, die von außen verstellt werden können, durch Maßnahmen zur dauerhaften ständigen Freihaltung gesichert?	☐	☐	
5.	Wird darauf geachtet, dass Höhenunterschiede im Verlauf des Fluchtwegs nur gering sind? Hinweis: Diese sind dann durch Schrägrampen mit einer max. Neigung von 6 % auszugleichen. Beginn und Ende von Schrägrampen sind deutlich erkennbar zu gestalten oder gemäß ASR A1.3 mit schwarz-gelben Streifen (Sicherheitsmarkierungen) oder dem Warnzeichen W007 zu kennzeichnen.	☐	☐	
6.	Ist bekannt, dass Aufzüge als Teil des Fluchtwegs unzulässig sind, es sei denn, der Aufzug ist zum Zweck der Flucht und Rettung insbesondere für Menschen mit Behinderungen im Gefahrenfall zulässig und geeignet? Hinweis: Dieser Nachweis ist z. B. im Rahmen eines bauordnungsrechtlichen Verfahrens zu erbringen und zu dokumentieren.	☐	☐	
7.	Werden Durchgangssperren im Verlauf von Fluchtwegen vermieden? Hinweis: Sofern Durchgangssperren betrieblich erforderlich sind, müssen sich diese schnell und gefahrlos sowie ohne Hilfsmittel mit einem Kraftaufwand von maximal 150 N in Fluchtrichtung öffnen lassen.	☐	☐	
8.	Werden am Ende eines Fluchtwegs der Bereich im Freien bzw. der gesicherte Bereich so gestaltet und bemessen, dass sich kein Rückstau bilden kann und alle über den Fluchtweg flüchtenden Personen ohne Gefahren aufgenommen werden können?	☐	☐	
9.	Wurde die Anzahl, Größe und Lage von Sammelstellen in Abhängigkeit von der Anzahl der Beschäftigten sowie der sonstigen anwesenden Personen festgelegt? Hinweis: Für die Bemessung der erforderlichen Größe der	☐	☐	

Nr.	Prüffragen	geprüft		Maßnahmen bis wann
		Ja	Nein	
	Sammelstelle kann eine Belegung von zwei Personen pro m^2 angesetzt werden.			
10.	Sind Dachflächen, die über die Fluchtwege führen, ausreichend tragfähig, trittsicher und feuerwiderstandsfähig?	☐	☐	
11.	Ist bei gefangenen Räumen die Alarmierung im Gefahrenfall sichergestellt und eine Sichtverbindung zum vorgelagerten Raum gewährleistet?	☐	☐	
12.	Sind die Hauptfluchtwege in Anzahl, Anordnung und Abmessung nach der Nutzung, der Einrichtung und den Abmessungen der Arbeitsstätte sowie der höchstmöglichen Anzahl der anwesenden Personen eingerichtet?	☐	☐	
13.	Ist die Hauptfluchtweglänge möglichst kurz und beträgt			
	• für Räume ohne/mit normaler Brandgefährdung bis zu 35 m?	☐	☐	
	• für Räume mit erhöhter Brandgefährdung, mit selbsttätigen Feuerlöscheinrichtungen bis zu 35 m?	☐	☐	
	• für Räume mit erhöhter Brandgefährdung ohne selbsttätige Feuerlöscheinrichtungen bis zu 25 m?	☐	☐	
	• für Räume, in denen eine Gefährdung durch explosionsgefährliche Stoffe besteht, bis zu 10 m?	☐	☐	
14.	Verlaufen die Hauptfluchtwege übersichtlich?	☐	☐	
15.	Werden die lichten Mindestbreiten der Hauptfluchtwege in Abhängigkeit von der Gesamtzahl der Personen eingehalten?	☐	☐	

Anzahl der Personen (Einzugsgebiet)	Lichte Mindestbreiten von Hauptfluchtwegen (in m)
bis 5	0,90
bis 20	1,00
bis 50	1,20
bis 100	1,20
bis 200	1,20
bis 300	1,80
bis 400	2,40

Nr.	Prüffragen	Ja	Nein	Maßnahmen bis wann
16.	Werden die lichten Mindestbreiten von Durchgängen und Türen im Verlauf von Hauptfluchtwegen in Abhängigkeit von der Gesamtzahl der Personen eingehalten?	☐	☐	

Anzahl der Personen (Einzugsgebiet)	Lichte Mindestbreiten von Durchgängen und Türen im Verlauf von Hauptfluchtwegen (in m)
bis 5	0,80 bzw. 0,90
bis 20	0,90
bis 50	0,90
bis 100	1,00
bis 200	1,05

Nr.	Prüffragen	geprüft Ja	geprüft Nein	Maßnahmen bis wann
	bis 300 — 1,65 bis 400 — 2,25			
17.	Wird gewährleistet, dass die lichte Mindestbreite des Hauptfluchtwegs nicht durch kurze Einbauten oder Einrichtungen unterschritten wird? Hinweis: Für Hauptfluchtwege, die ausschließlich zur Flucht bestimmt sind, dürfen die lichten Mindestbreiten auf die Werte der lichten Mindestbreiten für Durchgänge reduziert werden.	☐	☐	
18.	Beträgt die lichte Mindesthöhe des Hauptfluchtwegs mindestens 2,10 m?	☐	☐	
19.	Beträgt die tatsächliche Laufweglänge nicht mehr als das 1,5-Fache der max. zulässigen Hauptfluchtweglänge? Hinweis: Aufgrund der Begrenzung der zulässigen Hauptfluchtweglängen kann für größere Bereiche von Arbeitsstätten mehr als ein Hauptfluchtweg erforderlich sein.	☐	☐	
20.	Ist bekannt, dass Fahrsteige, Fahrtreppen, Wendel- und Spindeltreppen sowie Steigleitern und Steigeisengänge im Verlauf eines Hauptfluchtwegs nicht zulässig sind?	☐	☐	
21.	Verfügen Treppen im Verlauf von Hauptfluchtwegen über gerade Läufe?	☐	☐	
22.	Verfügen gebogene Treppenläufe über			
	• eine lichte Breite von max. 1,40 m?	☐	☐	
	• einen Innendurchmesser von mehr als 2,00 m?	☐	☐	
	• gleiche Stufenabmessungen?	☐	☐	
23.	Werden die lichten Mindestbreiten von Treppen in Treppenräumen und Außentreppen als Hauptfluchtwege von mehrgeschossigen Gebäuden eingehalten?	☐	☐	
24.	Enthalten die Hauptfluchtwege keine Ausgleichsstufen?	☐	☐	
25.	Existieren Nebenfluchtwege zur Flucht aus Bereichen, in dem die Gefahr besteht, dass der Hauptfluchtweg nicht mehr sicher begehbar ist, wenn z. B.			
	• der Hauptfluchtweg durch Bereiche mit erhöhter Brandgefährdung führt?	☐ ☐	☐	
	• Gefährdungen durch Lagerung/Verwendung von Gefahrstoffen in der Nähe der Hauptfluchtwege vorhanden sind?	☐	☐	
	• Einwirkungen durch gefährliche Arbeiten vorhanden sind?	☐ ☐	☐	

Tabelle zu Nr. 23:

Anzahl der Personen (pro Ebene)	Lichte Mindestbreiten (in m)
bis 30	1,00
bis 40	1,20
bis 50	1,40
bis 60	1,80
bis 70	2,40

FORUM

03/2026

Nr.	Prüffragen	geprüft		Maßnahmen bis wann
		Ja	Nein	
	• bei einer hohen Anzahl von Personen im Hauptfluchtweg eine geordnete Flucht nicht mehr möglich ist? • die Grundfläche von Produktions-, Lagerräumen oder Werkstätten mehr als 200 m² beträgt? • die Grundfläche bei sonstigen Arbeitsräumen bzw. Kombibüros mehr als 400 m² beträgt? • andere Rechtsvorschriften entsprechende Anforderungen stellen? • andere betriebsspezifische Bedingungen vorliegen?	☐ ☐ ☐ ☐	☐ ☐ ☐ ☐ ☐	
26.	Wird nur auf Nebenfluchtwege verzichtet, wenn durch zusätzliche Maßnahmen eine sichere Begehbarkeit des Hauptfluchtwegs gewährleistet wird? Hinweis: Dieses können z. B. in Bereichen mit erhöhter Brandgefährdung Maßnahmen sein, die eine schnelle Brandausbreitung und Verrauchung vermindern.	☐	☐	
27.	Werden Nebenfluchtwege so eingerichtet, dass deren sichere Benutzung für die darauf angewiesenen Personen gewährleistet wird?	☐	☐	
28.	Werden die lichten Mindestbreiten von Nebenfluchtwegen, die nicht über Hauptfluchtwege führen, eingehalten?	☐	☐	
29.	Ist bekannt, dass Fahrsteige, Fahrtreppen, Wendel-/Spindeltreppen sowie Steiggänge im Verlauf eines Nebenfluchtwegs zulässig sind?	☐	☐	
30.	Verfügen die Treppen im Verlauf von Nebenfluchtwegen über gerade Läufe? Hinweis: Können im Verlauf von Nebenfluchtwegen keine Treppen mit geraden Läufen eingerichtet werden, dann sind Wendeltreppen ggü. Spindeltreppen, Spindeltreppen ggü. Steigleitern und Steigleitern ggü. Steigeisengängen zu bevorzugen.	☐	☐	
31.	Enthalten die Nebenfluchtwege keine Ausgleichsstufen?	☐	☐	
32.	Führen die Nebenfluchtwege durch einen Ausgang, der als Tür, Fenstertür oder als Schlupftür in Toren ausgebildet ist, oder durch einen Notausstieg?	☐	☐	
33.	Sind die Notausstiege so eingerichtet, dass diese möglichst schnell und ungehindert nutzbar sind? Hinweis: Türen und Notausstiege in Wandöffnungen sollen in Fluchtrichtung aufschlagen. Schiebevarianten (z. B. Schiebetüren oder Schiebeluken) sind zulässig.	☐	☐	
34.	Wurden für Notausstiege ggf. in- und außerhalb des Gebäudes fest angebrachte Aufstiegshilfen zur leichten und zügigen Benutzung vorgesehen?	☐	☐	
35.	Weisen die Notausstiege in Wandöffnungen im Lichten mindestens 0,90 m in der Breite und mindestens 1,20 m in der Höhe auf?	☐	☐	
36.	Weisen die Notausstiege in Boden-/Deckenöffnungen im Lichten mind. 0,70 m x 0,70 m oder einen lichten Durchmesser von 0,70 m auf?	☐	☐	
37.	Lassen sich Türen und Tore im Verlauf von Fluchtwegen sowie Notausstiege leicht und	☐	☐	

Nr.	Prüffragen	geprüft		Maßnahmen bis wann
		Ja	Nein	
	ohne besondere Hilfsmittel öffnen, solange Personen auf die Nutzung der Fluchtwege angewiesen sind?			
38.	Sind manuelle Türen und Tore, die aus betrieblichen Gründen mechanisch verschlossen werden, mit einer Einrichtung versehen, die gewährleistet, dass die Tür oder das Tor beim Betätigen des Türdrückers entriegelt wird, z. B. mit einem Panikschloss?	☐	☐	
39.	Kann bei elektrischen Verriegelungseinrichtungen von Türen und Toren die Verriegelung mit einem Notöffnungstaster sicher freigegeben werden? Hinweis: Bei Stromausfall müssen diese Verriegelungseinrichtungen selbsttätig freigegeben werden.	☐	☐	
40.	Werden abweichende Maßnahmen und Gestaltungen verschließbarer Türen im Verlauf von Fluchtwegen bzw. verschließbare Notausstiege im Rahmen einer Gefährdungsbeurteilung ermittelt und festgelegt?	☐	☐	
41.	Schlagen manuell betätigte Türen von Notausgängen in Fluchtrichtung auf? Hinweis: Sonstige manuell betätigte Türen und Tore müssen in Fluchtrichtung aufschlagen, wenn eine erhöhte Gefährdung vorliegt.	☐	☐	
42.	Ist bekannt, dass Schiebetüren im Verlauf von Hauptfluchtwegen und Karusselltüren, die ausschließlich manuell betätigt werden, nicht zulässig sind?	☐	☐	
43.	Werden keine automatischen Türen und Tore in Notausgängen oder in Ausgängen von Nebenfluchtwegen eingerichtet und betrieben, die ausschließlich für den Notfall konzipiert und ausschließlich im Notfall benutzt werden? Hinweis: Ausgenommen sind automatische Drehflügeltüren zulässig, wenn sie auch im Fehlerfall sicher öffnen oder einfach manuell in Fluchtrichtung geöffnet werden können.	☐	☐	
44.	Schlagen automatische Drehflügeltüren von Notausgängen in Fluchtrichtung auf?	☐	☐	
45.	Werden automatische Schiebetüren nur verwendet, wenn sie bei Ausfall der Energiezufuhr selbsttätig öffnen oder über eine manuelle Öffnungsmöglichkeit (Break-out) verfügen und sie den „Technischen Baubestimmungen an automatische Schiebetüren in Rettungswegen“ entsprechen?	☐	☐	
46.	Werden automatische Karusselltüren im Verlauf von Fluchtwegen vermieden?	☐	☐	
47.	Erfüllen die kraftbetätigten Tore im Verlauf von Fluchtwegen die technischen Anforderungen an das schnelle und sichere Öffnen im Notfall?	☐	☐	
48.	Sind Notausgänge, Notausstiege und Türen im Verlauf von Fluchtwegen und ggf. Sammelstellen deutlich erkennbar und dauerhaft nach ASR A1.3 gekennzeichnet?	☐	☐	
49.	Sind die Rettungszeichen zur Kennzeichnung der Fluchtwege, Notausgänge, Notausstiege und Türen im Verlauf von Fluchtwegen nicht auf Türflügeln angebracht?	☐	☐	
50.	Erfolgt die Kennzeichnung für Fluchtwege mit den Sicherheitszeichen E001/E002 i. V. m.	☐	☐	

Nr.	Prüffragen	geprüft		Maßnahmen bis wann
		Ja	Nein	
	dem Zusatzzeichen „Richtungspfeil“? Hinweis: Auf weitere Zusatzzeichen soll verzichtet werden.			
51.	Ist die Kennzeichnung im Verlauf des Hauptfluchtwegs an gut sichtbaren Stellen, eindeutig und innerhalb der Erkennungsweite angebracht? Hinweis: Die Kennzeichnung muss die Richtung des Fluchtwegs anzeigen.	☐	☐	
52.	Ist der Ausgang, z. B. Notausstieg, auf Nebenfluchtwegen gekennzeichnet? Hinweis: Falls erforderlich, ist auch der Weg zu diesem Ausgang zu kennzeichnen, z. B. der Zugang zu dem Raum, in dem sich der Ausgang befindet.	☐	☐	
53.	Erfüllen die lang nachleuchtenden Sicherheitszeichen mindestens die Anforderungen der DIN 67510-1:2020-05 Klasse C?	☐	☐	
54.	Entsprechen die innen- und außenbeleuchteten Sicherheitszeichen mindestens den Anforderungen der DIN 4844-1?	☐	☐	
55.	Sind die Notausgänge und Notausstiege, sofern diese von der Außenseite zugänglich sind, auf der Außenseite mit dem Verbotszeichen P023 gekennzeichnet?	☐	☐	
56.	Stellt die Beleuchtung (natürlich oder künstlich) am Anbringungsort die Erkennbarkeit der Sicherheitszeichen sicher? Hinweis: Sicherheitszeichen müssen sich vom Hintergrund deutlich abheben und dürfen von der Umgebungsbeleuchtung nicht überstrahlt werden.	☐	☐	
57.	Wurde ein Flucht- und Rettungsplan für die Bereiche in Arbeitsstätten erstellt, in denen die Lage, die Ausdehnung oder die Art der Benutzung der Arbeitsstätte dies erfordern?	☐	☐	
58.	Sind die Flucht- und Rettungspläne aktuell, übersichtlich, gut lesbar und farblich unter Verwendung von Sicherheitsfarben sowie von Rettungs- und Brandschutzzeichen nach ASR A1.3 gestaltet und an geeigneten Stellen ausgehängt?	☐	☐	
59.	Wurden die Beschäftigten über den Verlauf der Fluchtwege, über die bei Nutzung der Fluchtwege und Notausgänge erforderlichen Maßnahmen und die Kennzeichnung sowie über das Verhalten im Gefahrenfall regelmäßig unterwiesen? Hinweis: Die Unterweisung muss mindestens jährlich erfolgen. Ein notwendiger Flucht- und Rettungsplan ist in die Unterweisung einzubeziehen. Die Unterweisung soll durch eine Begehung der Fluchtwege unterstützt werden.	☐	☐	
60.	Wurden auf der Grundlage der Flucht- und Rettungspläne Evakuierungsübungen durchgeführt?	☐	☐	

Datum, Unterschrift des Prüfers: ____________________

Checkliste

Lithium-Ionen-Akkus

Firma/Einrichtung und Stempel

Firma/Einrichtung: ______________________

Name des Prüfers: ______________________

Ort/Datum: ______________________ , den ____________

Nr.	Prüffragen	geprüft		Maßnahmen bis wann
		Ja	Nein	
Beschaffung				
1.	Werden Geräte mit Lithium-Ionen-Akkus bzw. einzelne LithiumIonen-Akkus aus zuverlässigen Quellen (insbesondere dem Fachhandel) bezogen?	☐	☐	
2.	Werden vom Hersteller zugelassene Ladegeräte/-kabel bezogen?	☐	☐	
3.	Wird die Ausstattung mit Batterie-Management-Systemen (BMS) bevorzugt?	☐	☐	
Verwendung				
4.	Erhalten die Beschäftigten Informationen bezüglich			
	• der von Lithium-Ionen-Akkus ausgehenden Gefahren, der Rahmenbedingungen für eine ordnungsgemäße Verwendung sowie der zu treffenden Schutzmaßnahmen und werden sie darin unterwiesen?	☐	☐	
	• Brandverhalten von Lithium-Ionen-Akkus?	☐	☐	
	• Betriebsanleitungen und/oder Arbeitsanweisungen und werden diese zur Verfügung gestellt?	☐	☐	
5.	Werden Geräte und/oder Akkus vor jeder Verwendung einer Sicht- und ggf. auch Funktionsprüfung unterzogen? Hinweis: Hierzu zählen insbesondere Risse, Dellen, eingedrungene Fremdkörper, starke Temperaturentwicklung, Verfärbungen aufgrund hoher Temperaturen, aufgeblähte Gehäuse, fettig-ölige Ablagerungen an der Oberfläche, angelaufene Flüssigkeitetc.	☐	☐	
6.	Werden schädigende Einflussfaktoren vermieden, wie u. a.			
	• starke Sonneneinstrahlung und/oder Überschreitung der Betriebstemperatur (i. d. R. über 60 °C)?	☐	☐	
	• die Unterschreitung der angegebenen Betriebstemperatur (i. d. R. 0 °C)? Hinweis: ggf. gesondert aufgeführte Temperaturbereiche für das Laden beachten	☐	☐	
	• Schutzmaßnahmen gegen Schmutz und/oder Feuchtigkeit (Kurzschlussgefahr) getroffen?	☐	☐	

Nr.	Prüffragen	geprüft		Maßnahmen bis wann
		Ja	Nein	
	• eine Überladung mit zu hohem Ladestrom und/oder zu langer Ladezeit?	☐	☐	
	• eine Tiefentladung (z. B. durch zu lange Zeiten des Nichtgebrauchs)?	☐	☐	
	• mechanische Einwirkungen (insbesondere Stöße und Schläge, z. B. durch Herabfallen)?	☐	☐	
7.	Werden Maßnahmen für das sichere Laden getroffen, wie z. B.:			
	• Wird das Gerät bzw. der Akku während des Ladevorgangs auf einem ausreichend bemessenen nicht-brennbaren Untergrund abgestellt?	☐	☐	
	• Wird darauf geachtet, dass beim Laden sich keine brennbaren Materialien in der Umgebung befinden?	☐	☐	
	• Ist die Lage des Ladeorts unter Berücksichtigung des Brandrisikos ausgewählt? Hinweis: keine Beeinträchtigung von Flucht- und Rettungswegen, schnelle und gute Erreichbarkeit für Feuerwehr, Berücksichtigung der möglichen Brandausbreitung etc.	☐	☐	
	• Ist der Ladeort sauber und trocken und wird der angegebene Temperaturbereich weder unter- noch überschritten? Hinweis: Herstellerangaben beachten	☐	☐	
	• Wird darauf geachtet, dass Akkus und Geräte nicht unbeaufsichtigt geladen werden? Hinweis: ggf. Rauchmelderüberwachung, sofern diese bei Alarmierung direkt wahrgenommen werden kann	☐	☐	
	• Werden nur aufeinander abgestimmte Ladegeräte und Akkus bzw. Geräte verwendet?	☐	☐	
	• Wird darauf geachtet, dass nach dem Ladevorgang das Ladegerät vom Netz getrennt wird?	☐	☐	
	• Liegt der Ladezustand idealerweise zwischen 50 und 80 %? Hinweis: Herstellerangaben beachten	☐	☐	
Lagerung/Transport				
8.	Werden Maßnahmen für die sichere Lagerung bzw. den sicheren Transport getroffen, wie u. a.:			
	• Sind am Lagerort in der Umgebung keine brennbaren Materialien vorhanden?	☐	☐	
	• Ist die Lage des Lagerorts unter Berücksichtigung des Brandrisikos ausgewählt? Hinweis: keine Beeinträchtigung von Flucht- und Rettungswegen, schnelle und gute Erreichbarkeit für Feuerwehr, Berücksichtigung der möglichen Brandausbreitung etc.	☐	☐	
	• Ist der Lagerort sauber und trocken und wird der angegebene Temperaturbereich weder unter- noch überschritten? Hinweis: i. d. R. zwischen 10 und 25 °C	☐	☐	

Nr.	Prüffragen	geprüft		Maßnahmen bis wann
		Ja	Nein	
	• Werden die Lager- bzw. Aufbewahrungsorte durch Rauchmelder überwacht?	☐	☐	
	• Wird bei längerer Lagerung und bei niedrigen Temperaturen der Ladezustand regelmäßig kontrolliert und ggf. nachgeladen? Achtung: angegebene Ladetemperatur beachten	☐	☐	
	• Werden größere Mengen von Geräten und/oder Akkus in geeigneten feuerbeständigen Sicherheitsschränken mit Rauchableitung und Druckentlastung gelagert?	☐	☐	
	• Werden geeignete Transportbehälter zur Verfügung gestellt? Hinweis: Zu bevorzugen sind feuerbeständige, mit Druckentlastungsöffnungen versehene Behälter, die möglichst sowohl zu verriegeln als auch von außen mit Wasser zu befüllen sind.	☐	☐	
	• Werden Geräte bzw. Akkus gegen schädigende Einwirkungen geschützt transportiert?	☐	☐	
	• Werden Maßnahmen für den Brandfall bereitgestellt? Hinweis: Hierzu zählen z. B. wassergefüllte bzw. -befüllbare Behälter; siehe Transportbehälter.	☐	☐	
	• Wird das ZVEI-Merkblatt Nr. 5 für den Transport von Akkumulatoren und Geräten beachtet?	☐	☐	
9.	Wird darauf geachtet, dass offensichtlich schadhafte Geräte nicht verwendet werden und je nach Grad der Beschädigung entweder direkt unter Hinweis auf die Beschädigung der Reparatur zugeführt oder an einem sicheren Ort zur baldmöglichsten Entsorgung gelagert werden? Hinweis: Pole werden zum Schutz vor Kurzschlüssen abgeklebt.	☐	☐	
10.	Wird auf Auffälligkeiten im Betriebsverhalten geachtet, die ggf. auf interne Fehler hinweisen?	☐	☐	
Notfallmaßnahmen				
11.	Wird bei bereits ausgebrochenem Brand die Feuerwehr benachrichtigt und das Gerät bzw. der Akkumulator mit Wasser gekühlt?	☐	☐	
12.	Wird darauf geachtet, dass bei Anzeichen eines Thermal Runaways die Geräte und Akkus nicht mit der bloßen Hand berührt werden? Hinweis: Hier besteht die Gefahr des Verbrennens und Verätzens.	☐	☐	
13.	Werden nach einem (unbeabsichtigten) Kontakt die betroffenen Hautstellen umgehend mit Wasser abgewaschen?	☐	☐	
14.	Wird bei Austritt von Gasen und Rauchen die Annäherung vermieden und für ausreichende Lüftung gesorgt?	☐	☐	
15.	Wird das Gerät bzw. der Akku, sofern noch möglich, an einen sicheren, brandlastfreien Ort im Freien oder mit ausreichender Lüftung gebracht?	☐	☐	

Nr.	Prüffragen	geprüft		Maßnahmen bis wann
		Ja	Nein	
Entsorgung				
16.	Wird darauf geachtet, dass Lithium-Ionen-Akkus nicht in den Hausmüll entsorgt werden?	☐	☐	
17.	Werden die Pole isolierend abgedeckt bzw. überklebt?	☐	☐	
18.	Werden als Sammelbehälter für Altakkus vorzugsweise feuerbeständige, verriegelbare Behälter verwendet, die von außen mit Wasser befüllt werden können? Hinweis: Eine andere Option können auch sandgefüllte Behälter sein.	☐	☐	
19.	Wird darauf geachtet, dass die Sammelbehälter weder in der Nähe brennbarer Materialien noch in Flucht- bzw. Rettungswegen aufgestellt werden?	☐	☐	
20.	Wird der Kontakt zu möglichen Entsorgungsstellen (Fachhandel, ggf. kommunale Entsorgungsstellen) im Vorfeld aufgenommen, um Einzelheiten zur Entsorgung unbeschädigter und beschädigter Geräte und Akkumulatoren abzustimmen?	☐	☐	
21.	Werden notwendige Transportkennzeichnungen angebracht (siehe ZVEI-Merkblatt Nr. 5)?	☐	☐	

Datum, Unterschrift des Prüfers: ______________________________